MACH DIESES BUCH ZUM
BIENENHAUS

und 19 WEITERE EXPERIMENTE und AKTIVITÄTEN
um die ERSTAUNLICHE WELT DER BIENEN zu erforschen

Lynn Brunelle (Text) · Anna-Maria Jung (Illustration)

h.f.ullmann

Für Keith, Kai und Leo.
Ihr seid bienengalaktisch.

First published in the United States under the title:
TURN THIS BOOK INTO A BEEHIVE: And 19 Other Experiments That Explore the Amazing World of Bees

Copyright © 2018 Lynn Brunelle

Illustrations by Anna-Maria Jung

Published by arrangement with Workman Publishing Co., Inc., New York

Original-ISBN 978-1-5235-0141-0

Editor: Justin Krasner
Art Director: Colleen AF Venable
Designer: Carolyn Bahar

WORKMAN ist ein eingetragenes Markenzeichen von Workman Publishing Co., Inc.

Copyright der deutschen Ausgabe:
© Ullmann Medien GmbH

Übersetzung aus dem Englischen: Dagmar Klotz

Lektorat: Dorit Aurich
Satz: Dirk Brauns
Redaktion: Daniel Fischer
Coveradaption: Beate Lennartz

Gesamtherstellung: Ullmann Medien GmbH, Rheinbreitbach

Printed in China, 2018

ISBN 978-3-7415-2363-2

10 9 8 7 6 5 4 3 2 1
X IX VIII VII V IV III II I

www.ullmannmedien.com

INHALT

EINLEITUNG
Hilf den Bienen, rette die Welt.......1

KAPITEL 1
Mach dich schlau 4

KAPITEL 2
Das Bienen-ABC................... 12

KAPITEL 3
Was Pflanzen können.............. 32

KAPITEL 4
Einzelgänger Mauerbienen........ 43

KAPITEL 5
Ein Haus für alle 49

KAPITEL 6
Die Honigbiene stellt sich vor 72

Informationsquellen 91

Bastelbögen........................ 92

EINLEITUNG
HILF DEN BIENEN, RETTE DIE WELT

Bienen rufen bei uns Menschen unterschiedliche Reaktionen hervor: Die einen denken an Honig, andere schlagen wild um sich aus Angst vor Stichen. Egal, ob man Bienen fürchtet oder liebt, eines ist klar: Wir brauchen sie, um zu überleben.

Das klingt hochdramatisch, aber so ist es nun einmal.

Bienen gehören zu den sogenannten Schlüsselarten. Das bedeutet: In einem Ökosystem sind sie für andere Tiere und Pflanzen lebenswichtig. Wenn eine Schlüsselart verschwindet, bricht das Ökosystem zusammen.

Wir brauchen Bienen als Bestäuber für die Pflanzen, von denen wir uns ernähren. Ohne sie hätten wir zum Beispiel keine Äpfel, Kürbisse, Gurken, Heidelbeeren, Orangen, Mandeln oder Pfirsiche. Jeder dritte Bissen, den wir zu uns nehmen, verdanken wir den Bienen.

Das große Bienensterben

Jahrhundertelang konnten wir uns auf die Bestäubungsarbeit der Bienen verlassen. Doch seit ein paar Jahren verschwinden Bienenvölker. Jeden Morgen schwärmen auf der ganzen Welt Milliarden von Bienen aus, um Nektar zu sammeln und dabei Pollen von Blüte zu Blüte zu tragen. Aber viele kehren am Abend nicht mehr in den Stock zurück. In Deutschland ist die Anzahl der Bienenvölker seit 1990 um 30 % geschrumpft.

Wie kommt es dazu?

Wissenschaftlich lässt sich das Bienensterben nicht auf einen einzigen Grund zurückführen. Insektizide, Krankheiten, Umweltverschmutzung und die Zerstörung von Lebensräumen sind die Faktoren, die zum Bienensterben beitragen. Landwirte setzen Insektizide ein, um ihre Ernte vor Schädlingen zu schützen. Bei Bienen kann das aber Gehirnschäden verursachen. Sie finden die Blüten nicht mehr, die sie bestäuben sollen, und keine Partner, um Nachkommen zu zeugen. Durch den Klimawandel verändern sich die Blühperioden der Pflanzen, was die Sammelgewohnheiten der Bienen durcheinanderbringt. Viren, Pilze und Milben breiten sich in Bienenstöcken aus. Viele Bienenzüchter verlängern die Bestäubungsperioden und lassen den Bienen zu wenig Zeit, um sich zu erholen.

Wahrscheinlich ist eine Kombination aus alldem für das Bienensterben verantwortlich. Fakt ist jedenfalls, dass die Bienen verschwinden, und wenn das so weitergeht, werden unsere Gärten, Obstwiesen und auch Kühlschränke bald leer sein. Denn ohne Bienen keine Bestäubung, also auch keine Pflanzen, also auch kein Essen. Dieses Problem müssen wir lösen. Und das Gute daran ist: Du kannst dabei mithelfen!

Mach mit!

Es gibt Dinge, die wir tun können, um das Bienensterben zu verhindern. Und es geht ganz einfach. Du brauchst keine spezielle Ausrüstung und auch keinen Schutzanzug. Das richtige Werkzeug hältst du bereits in der Hand: Dieses Buch steckt voller Informationen und Ideen. Lerne eine faszinierende Insektenart kennen.

Du kannst aus diesem Buch sogar ein neues Zuhause für besonders eifrige Bestäuber basteln: die Mauerbienen.

Du weißt nicht, was Mauerbienen sind? Und worin sie sich von Honigbienen unterscheiden? Erstens: Mauerbienen stechen nicht (solange du sie nicht bedrängst). Zweitens: Sie produzieren keinen Honig. Drittens: Sie sind

unschlagbare Bestäuber, echte Champions! Eine einzige Mauerbiene kann an einem Tag so viele Blüten bestäuben wie 100 Honigbienen zusammen.

 =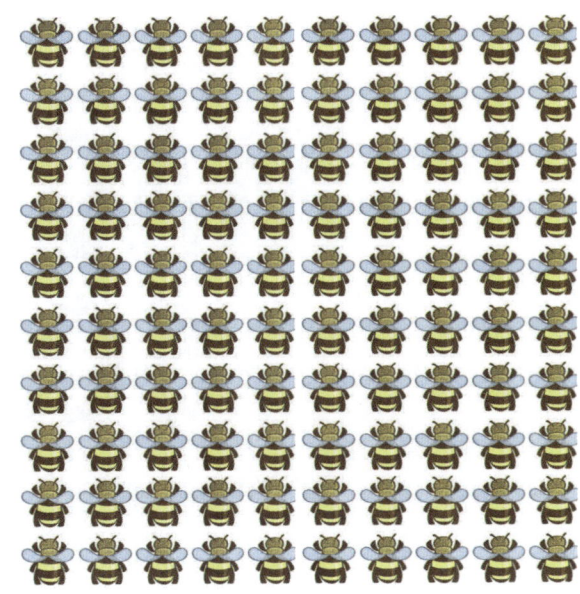

Lade Bienen zu dir nach Hause ein

In Deutschland leben 39 verschiedene Mauerbienenarten. Die Wahrscheinlichkeit ist groß, dass diese fleißigen Helfer auch in deiner Umgebung herumschwirren. Wenn du ihnen in eurem Hof, im Garten, unter dem Dach oder auf dem Balkon ein neues Heim anbietest, ist das ein erster Schritt. Schon ein Blumentopf kann zur Bienenvilla werden. Die Insekten sind mit so wenig zufrieden. Mach es ihnen einfach gemütlich, biete ihnen eine Unterkunft, Futter in Form von Pflanzen, Wasser und eine giftfreie Umgebung an. Du wirst mit schönen Blumen, Obst und Gemüse belohnt.

So eine kleine Aktion bewirkt viel. Und du kannst *dieses Buch* in ein wunderbares Haus für Mauerbienen verwandeln (siehe Anleitung S. 50) und damit die Welt verändern. Aber vorher solltest du noch mehr über Bienen wissen.

Wenn Bienen sich ihre Behausung selbst bauen, sagt man Nest oder Stock. Wenn das Nest von Menschen gemacht ist, sagt man auch Stock oder Haus.

HILF DEN BIENEN, RETTE DIE WELT

KAPITEL 1
MACH DICH SCHLAU

Den meisten fällt zum Stichwort Bienen ein, dass sie summen, stechen und Honig produzieren. Aber diese erstaunlichen Insekten können so viel mehr. Bienen sind Superstars! Ohne sie könnten viele Pflanzen nicht überleben und unser Leben wäre nur halb so süß.

Was ist eine Biene?

Bienen sind Bestäuber. Sie fliegen von Blüte zu Blüte, um Pollen und Nektar zu sammeln. Der Nektar sitzt tief im Inneren einer Blüte. Wenn eine Biene in sie hineinkrabbelt, um mit ihrem Rüssel den Nektar aufzusaugen, streift sie dabei die Blütenteile, die Pollen produzieren. Der Pollen ist klebrig und haftet am Körper der Biene. Wenn die Biene dann auf der nächsten Blüte landet, fällt ein bisschen von dem Pollen der vorigen Blüte von ihr ab und bestäubt die neue Blüte. So kann sich die betreffende Pflanze fortpflanzen.

Die meisten Bienen stechen nur im äußersten Notfall, wenn sie sich bedroht fühlen. Es gibt auch Bienen, die keinen Stachel haben. Bienen kommen in allen Erdteilen vor, mit Ausnahme der Antarktis. Sie leben überall dort, wo es Blüten gibt. In Europa sind rund 700 verschiedene Bienenarten heimisch, davon rund 500 in Deutschland.

Sozialverbände und Einzelgänger

Weltweit schwirren über 25 000 verschiedene Bienenarten herum. Sie lassen sich in zwei Hauptgruppen einteilen: staatenbildende und solitär lebende Bienen.

Staatenbildende Bienen

Honigbienen und Hummeln sind staatenbildende Bienenarten. Sie leben als Volk in einem Nest, arbeiten für die Gemeinschaft und haben eine Königin. Nur die Königin kann Eier legen. Alle anderen Bienen sind damit beschäftigt, für die Königin und ihre Nachkommen zu sorgen: Sie bauen Waben, sammeln Nektar, produzieren Honig und verteidigen das Nest.

BEKANNTE STAATENBILDENDE BIENENARTEN

HONIGBIENEN produzieren Honig aus dem Nektar und Pollen der Blüten, die sie bestäuben. Sie bauen ihre Nester meist in Bäumen und Felsspalten. Manchmal nisten sie sich im Dachgebälk oder in Hauskaminen ein. Ein Nest besteht aus mehreren Waben aus Wachs. Die Form hängt davon ab, wo das Nest gebaut wird: Baumnester sind lang und schmal, andere Nester dagegen flach und breit. Der in den Waben gelagerte Honig dient der Brut in der kälteren Jahreszeit als Nahrung. Honigbienen können mehrere Jahre alt werden. Deswegen müssen sie Vorräte für den Winter anlegen. In Deutschland leben die meisten Honigbienen in Bienenstöcken, die Imker ihnen zur Verfügung stellen. Der Stachel der Honigbiene ist mit Widerhaken besetzt. Wenn sie sticht, bleibt der Stachel hängen und hinterlässt am Bienenkörper eine Wunde, an der die Biene stirbt.

HUMMELN haben einen sehr pelzigen, rundlichen Körper und sind eifrige Bestäuber. Hummeln bauen gerne Erdnester, nisten sich aber auch in Moos oder Grasbüscheln, unter Terrassen, Schuppen und Ähnlichem ein. Hauptsache, es ist ein schattiges Plätzchen. Oft erkennt man die Nester kaum, sie sehen aus wie ein von Laub bedecktes Häufchen Abfall. Im Frühjahr gründet die Jungkönigin einen neuen Staat, der aber nur bis zum Herbst überlebt. Wenn sich Hummeln bedroht fühlen, brummen sie laut, verfolgen den Angreifer oft über lange Strecken und stechen gnadenlos zu. Anders als die Honigbienen können sie mehr als einmal stechen.

Solitär lebende Bienen

Über 90 % aller Bienenarten gehörten zur zweiten Hauptgruppe, nämlich zu den solitär lebenden Bienen. Sie sind Einzelgänger, bilden also keine Staaten, haben keine Königin und arbeiten nicht für eine Gemeinschaft. Jede weibliche Solitärbiene baut ihr eigenes Nest, legt Eier, sammelt Pollen und Nektar und zieht ihren Nachwuchs auf. Trotzdem sucht sie gerne die Gesellschaft ihrer Artgenossen, oft liegen die einzelnen Nester nahe beieinander. Solitärbienen produzieren keinen Honig, sind dafür aber unglaublich einfallsreiche Nestbauer und ausgezeichnete Bestäuber.

SOLITÄR LEBENDE BIENENARTEN

MAUERBIENEN sind unter den Solitärbienenarten am häufigsten. In Mitteleuropa sind sie mit rund 50 Arten vertreten. Ihrem Namen machen sie alle Ehre, denn sie nisten nicht nur gern in Mauern, sondern „mauern" ihre Nistzellen nach der Eiablage auch mit Lehm und Blattstückchen zu. Oft bauen sie ihr Nest in Tunneln, die von anderen Insekten gegraben und dann verlassen wurden. Außerdem sind sie gern gesehene Bestäuber in Obstplantagen mit Apfel- oder Kirschbäumen.

BLATTSCHNEIDERBIENEN sind auf Wiesen und in Gärten unterwegs, wo sie zarte, saftige Blätter finden, die sie in Stücke schneiden, um damit ihre Nistzellen zu verschließen.

HOLZBIENEN Feuchte Zonen mit reich blühenden Pflanzen sind ihr Lebensraum. Um ihr Nest zu bauen, bohren sie Gänge in weiche Hölzer.

GRAUE SANDBIENEN bevorzugen Blumenwiesen und Obstplantagen mit blühenden Bäumen. Sie graben schmale Gänge in den Erdboden oder in sandiges Gelände.

ROTPELZIGE SANDBIENEN sind häufig in Gärten, an Hecken und Waldrändern zu finden. Ihre Nester graben sie im lockeren Boden an lichten, sonnigen Stellen.

Die große und die kleine Welt der Bienen

Über 25 000 verschiedene Bienenarten schwirren auf unserer Erde herum. Die kleinste Biene heißt *Perdita minima* und lebt in den Wüstengebieten der USA. Sie ist nur so groß wie ein Sesamkörnchen. Die größte Art ist eine Hummel, *Bombus dahlbomii*, die in Südamerika vorkommt und fast 4 cm lang werden kann – so groß wie dein Daumen.

Bienennester

Mauerbiene

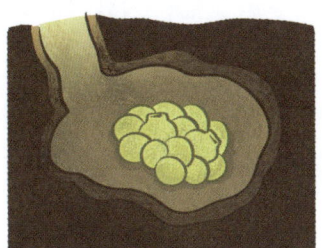
Hummel

Blattschneiderbiene

Honigbiene

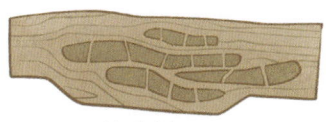
Holzbiene

Sandbiene

Die Geschichte der Bienen

Vorläufer von Bienen, Wespen und Fliegen tauchten vor 300 Millionen Jahren auf der Erde auf. Vor etwa 100 Millionen Jahren spalteten sich die Bienen als eigene Insektengruppe ab.

Bis dahin hatte vor allem der Wind den Pflanzenpollen von einer Blüte zur nächsten getragen. Aber der Wind war kein sicherer Partner. Die Bienen waren zuverlässige Bestäuber, die lieber Pollen sammelten als Jagd auf kleinere Insekten zu machen. Dabei ließen sie in jeder Blüte ein bisschen Pollen von der vorherigen Blüte fallen. Die Pflanzen vermehrten sich, neue Pflanzenarten

MACH DICH SCHLAU

entstanden. Ihre Blüten nahmen immer prächtigere Formen, Farben und Düfte an.

Die ersten Bienen waren Einzelgänger. Jede baute ihr eigenes Nest, suchte Futter und legte Eier. Mit der Zeit begannen einige Bienen, in Gruppen zusammenzuleben. Gemeinsam bauten sie in der Erde, in Bäumen oder Felsspalten Nester, sammelten Pollen und Nektar, legten Vorräte an, zogen den Nachwuchs groß und verteidigten ihr Territorium. Das waren die ersten Honigbienen. Ihre Vorräte bestanden aus Honig.

Vor 9000 Jahren entdeckten die Menschen, welche süße Leckerei sich in den Bienenwaben verbarg. Das war der Beginn einer langen, wunderbaren Freundschaft zwischen Bienen und Menschen. In Höhlen aus der Jungsteinzeit wurden Zeichnungen von Bienen gefunden. An den Wänden von antiken Grabkammern waren Bienenstöcke gemalt. Auch Zeichen aus der ägyptischen Hieroglyphenschrift stellten Bienen dar. Die Ägypter legten ihren Pharaonen als Grabbeigabe Honig in die Gruft. (Das Verfallsdatum von Honig ist unglaublich: Archäologen entdeckten in einem 3000 Jahre alten Grab Honig, der noch essbar war!) Man findet Bienenmotive auf alten griechischen Tonkrügen, auf römischen Münzen, in bebilderten Schriften aus dem Mittelalter und in unzähligen Legenden aus der ganzen Welt.

Wir Menschen erkannten auch, dass dort, wo Bienen leben, die Pflanzen reichere Früchte tragen. Von Anfang an spielten Bienen in der Landwirtschaft eine wichtige Rolle als Bestäuber.

Ägyptische Hieroglyphen

Höhlenmalereien

Griechischer Tonkrug

Ist das eine Biene?

Fliegen und Wespen werden gelegentlich mit Bienen verwechselt, weil sie eine ähnliche Körperform oder sogar die typischen schwarz-gelben Streifen haben. Wespen sind entfernt mit Bienen verwandt. Einige Fliegen haben das Aussehen von Bienen imitiert. Aber damit enden schon die Gemeinsamkeiten, ihr Verhalten ist ganz anders. Hier stellen wir einige dieser „falschen" Bienen vor.

Nicht alle Wespen sind gefährlich

Wir kennen über 30 000 Wespenarten. Es gibt staatenbildende und solitär lebende Wespen. Die meisten stechen nicht und sind nützlich, denn sie fressen Schädlinge.

Wespen

Wespen haben einen unbehaarten, schlanken Körper mit einem deutlichen Einschnitt (die „Wespentaille") und lange, dünne Beinchen. Auch wenn sie ab und zu Blütennektar trinken, sind sie Fleischfresser. Sie jagen andere Insekten und schleppen sie in ihr Nest, um die Larven zu füttern. Viele Wespenarten stechen. Ihren mit Gift vollgepumpten Stachel benutzen sie, um ihre Opfer zu betäuben und sich zu verteidigen. Manche Wespen sind sehr angriffslustig. Sei also vorsichtig! Hier ein paar Wespenarten, denen du aus dem Weg gehen solltest:

BEKANNTE WESPENARTEN

PAPIERWESPE Ihr Körper ist bräunlich mit gelber oder rötlicher Zeichnung. Sie leben als Volk in Nestern aus einem papierähnlichen Material (daher der Name). Die Nester sind oft schirmförmig gebaut und hängen an Ästen und Zweigen, aber auch unter Dachvorsprüngen und auf Speichern. Papierwespen fressen Raupen, Fliegen und andere Insekten. Sie sind nicht aggressiv, stechen aber, wenn sie sich bedroht fühlen.

DEUTSCHE WESPEN haben die typischen schwarz-gelben Streifen und werden 1–2 cm groß. Ihre aus Holzfasern und Speichel gebauten Erdnester können bis zu 10 000 Wespen beherbergen und einen Umfang von 2 m erreichen. Manchmal hängen die Nester auch in Nischen oder im Dachgebälk. Ihre Brut füttert diese Wespe mit Insekten. Sie selbst liebt Süßes. Um ihr Territorium zu verteidigen, macht sie von ihrem Stachel hemmungslos Gebrauch.

GRABWESPEN kommen fast überall auf der Welt vor und sind nahe mit den Bienen verwandt. Ihr Hinterleib sieht wie ein langer, dünner Stiel aus. Grabwespen graben Gänge mit ihren kräftigen Oberkiefern im Boden oder im Holz.

HORNISSE Die größte Wespenart weist verschiedene, meist schwarze Zeichnungen auf. Sie lebt in Kolonien mit rund 400 Individuen und baut ihre Nester am liebsten in Hohlräumen. Die prinzipiell friedlichen Tierchen stechen nur, um sich zu verteidigen.

Fliegen

Über 100 000 Fliegenarten bevölkern unseren Planeten. Es gibt die winzigen Fruchtfliegen, die sich auf überreifem Obst sammeln, lästige Stubenfliegen und Bremsen, die gern stechen. Fliegen können fast überall leben. Sie ernähren sich von verrottenden organischen Substanzen, manche mögen auch Blumen. Ställe und Müllhalden werden gerne von Fliegen besucht. Sie haben keinen Stachel, können aber beißen.

Faustregel
Es gibt Ausnahmen, aber im Allgemeinen gilt: Ein gestreiftes Insekt auf einer Blüte ist meist eine Biene. Das Insekt, das dein Marmeladebrot anknabbert, ist wahrscheinlich eine Wespe. Und was den Abfalleimer umkreist, ist sicher eine Fliege.

Warum stechen Bienen?

Das Leben so eines Insekts ist nicht einfach. Es muss sich vor Feinden in Acht nehmen und seinen Nachwuchs schützen. Dafür haben die meisten Bienen und einige verwandte Arten einen Stachel. Leuchtende Farben und starke Muster sind in der Natur ein Signal für GEFAHR. Die gelb-schwarzen Streifen der Biene warnen: Bleib weg! Ihre Feinde lernen, dass zwischen diesen Streifen und einem schmerzhaften Stich ein Zusammenhang besteht, und lassen sie in Ruhe.

Nicht alle Bienen stechen, aber wenn du Streifen siehst, verhalte dich ruhig und gehe langsam auf Abstand.

Frauenpower
Nur weibliche Bienen können stechen. Ihr Stachel dient auch als Eiablageapparat, *Ovipositor* genannt.

Das kannst du tun, wenn du gestochen wirst

Auch wenn es gar nicht deine Absicht ist, fühlt sich ein Insekt vielleicht von dir bedroht, und ruckzuck ist es passiert: AUTSCH!

1. **Bescheid sagen.** Manche Menschen reagieren auf Stiche allergisch und brauchen sofort ärztliche Hilfe. Wenn sich auf deiner Haut rote, juckende Pusteln bilden, wenn dir schlecht oder schwindelig wird oder du kaum Luft bekommst, dann bist du vielleicht allergisch.

2. **Stachel entfernen.** Viele Insekten haben einen glatten Stachel, aber er kann auch Widerhaken haben, die sich in deiner Haut festbohren. Dann bleibt der Stachel stecken, wenn das Insekt wieder fortfliegt. Da der Stachel mit Gift gefüllt ist, solltest du ihn so schnell wie möglich entfernen. Nicht daran drücken, sonst wird noch mehr Gift herausgepresst! Versuche, ihn mit einer harten Kante (zum Beispiel von einer Kreditkarte) herauszuschieben.

3. **Mit Wasser und Seife waschen.** Dadurch werden das Gift sowie Schmutz und Anderes, was Infektionen verursachen kann, herausgeschwemmt.

4. **Mit Eis kühlen.** Durch die Kälte geht die Schwellung zurück und der Schmerz wird betäubt.

5. **Schmerz lindern.** Verrühre Backpulver und Wasser zu einer Paste und trage sie auf den Stich auf. Sie zieht das Gift aus der Wunde und lindert den Schmerz.

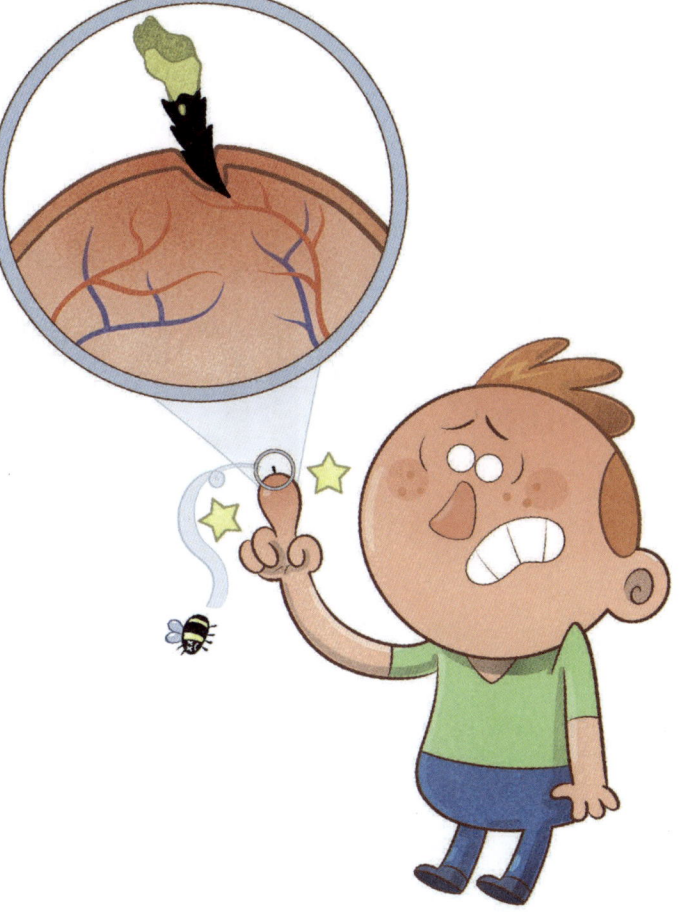

Notruf
Wähle 112, wenn du oder eine andere Person gestochen wurde und sich eines der folgenden Symptome zeigt:
- Pusteln, gerötete Haut, Juckreiz, plötzliche Blässe
- Atemnot
- Anschwellen der Zunge und des Rachens
- schwacher, schneller Puls
- Übelkeit, Erbrechen, Durchfall
- Schwindel oder Schwäche
- Bewusstlosigkeit

MACH DICH SCHLAU

KAPITEL 2
DAS BIENEN-ABC

Bienen sind perfekte Sammler. Die Flügel, die Facettenaugen, der pelzige Rumpf, die Fühler und andere Körpermerkmale helfen ihnen, Blüten zu erkennen, Pollen und Nektar aufzunehmen und den Weg zurück zum Nest zu finden.

Körperbau

Bienenkörper bestehen aus drei Teilen: Kopf, Thorax (Brust) und Abdomen (Hinterleib). Sie haben sechs Beine, zwei Fühler (Antennen) und zwei Flügelpaare. In der Regel verfügen weibliche Bienen über einen Stachel. Es gibt auch stachellose Arten.

HONIGBIENE

····· KOPF ·····

····· THORAX ·····

····· ABDOMEN ·····

MAUERBIENE

Unersättlich

Bienen sind wie gemacht für die Futtersuche. Sie haben starke Flugmuskeln, scharfe Augen, Rezeptoren an Antennen und Füßen, einen ausgezeichneten Geruchssinn und unschlagbaren Tastsinn. Damit sind sie bestens gerüstet, um Futter zu finden und zu ihrem Nest zu transportieren. In den Haaren an Brust, Bauch und Rücken bleibt Pollen hängen, mit dem sie die nächste Blüte bestäuben. Um den Pollen nach Hause zu bringen, gibt es verschiedene Methoden: Honigbienen und Hummeln haben an ihren Hinterbeinen „Körbchen", in denen sie den Pollen verstauen. Der Hinterleib von Mauerbienen ist mit Borsten besetzt, wo sich der Pollen verfängt. Andere Bienenarten haben Borstenkämme an den Beinen oder einen Kropf für Pollen.

Flugkünstler

Um zu den Blüten zu kommen, müssen Bienen fliegen. Krabbeln und klettern würde viel zu viel Zeit und Kraft kosten. Aber wie schaffen sie es, mit ihren hauchdünnen Flügeln abzuheben? Die Lösung: Indem sie durch Bewegung Luftströme erzeugen. Anders als Vögel oder Flugzeuge gleiten Bienen nicht, sondern sie lassen ihre Flügel wirbeln, ähnlich wie ein Hubschrauberpropeller. Bienen erreichen Geschwindigkeiten von 25 km/h, bei 200 Flügelschlägen pro Sekunde. Durch die Luft, die von den Flügeln nach unten gedrückt wird, hebt der Körper ab und wird durch Flügelschläge in Form einer 8 in der Luft gehalten.

Bienen mit kräftigerem Körperbau, zum Beispiel Hummeln, haben besonders ausgeprägte Flugmuskeln. Sie liegen nicht auf oder an den Flügeln, sondern im Brustbereich (Thorax). Wenn sie diese Muskeln anspannen und wieder locker lassen, verändert der Thorax seine Form. Dadurch bewegen sich die Flügel auf- und abwärts. Feinere Muskelstränge zwischen Thorax und Flügeln sorgen dafür, dass sich die Flügel drehen und ihren Anstellwinkel verändern.

EXPERIMENT:
Flügelschlag

*Wie können Bienen in der Luft bleiben?
Dieses Experiment erklärt es dir.*

DU BRAUCHST

- deine Hand
- Wasser (in einem großen Eimer, in der Badewanne, im Schwimmbad, in einem See)

SO GEHT'S

SCHRITT 1:
Tauche deine flache Hand ins Wasser, die Finger zeigen nach unten.

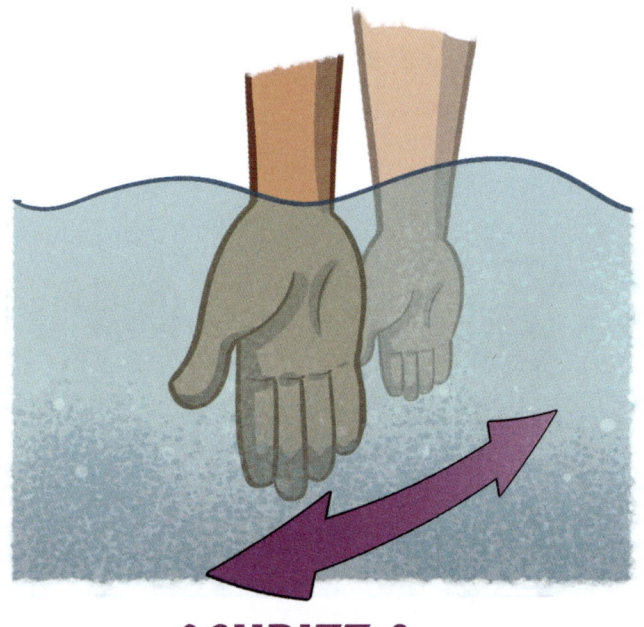

SCHRITT 2:
Bewege deine Hand vorwärts und rückwärts, in langen, sanften Schlägen. Halte sie dabei flach wie ein Paddel. So etwa fliegt ein Vogel.

SCHRITT 3:

Versuche jetzt, die Hand mit vielen kurzen Schlägen zu bewegen. Fühlt sich das anders an?

SCHRITT 4:

Bewege die Hand anschließend in Form einer 8. Drehe dabei die Handfläche so, dass sie immer in Bewegungsrichtung zeigt. Was fällt dir auf?

WAS PASSIERT DA?

Der Wasserstrom, den deine Hand erzeugt, ähnelt dem Luftstrom, der durch den Flügelschlag der Bienen entsteht. Wenn du die Hand wie die Flügel eines Vogels in langen, fließenden Schlägen bewegst, spürst du, dass sie es auf dem Rückweg leichter hat und sogar etwas angehoben wird. Wenn du kurze Schläge in einer 8-förmigen Bewegung machst – wie die Bienen –, zieht es deine Hand fast magisch aufwärts. Du spürst es in dem Moment, wenn die Hand die Richtung wechselt: Der Druck nach vorne und oben wird größer. Deshalb schlägt die Biene unablässig mit ihren Flügeln. Sonst würde sie wie ein Stein zu Boden fallen.

Was sieht eine Biene?

Bienen können supergut sehen. Anders als bei uns Menschen, die nur eine Linse pro Auge haben, bestehen Bienenaugen auf beiden Seiten des Kopfes aus über 5000 *Ommatidien* (Einzelaugen) mit eigener Linse, die sich zu den bienentypischen Facettenaugen zusammensetzen. Jedes Ommatidium hat einen leicht verschiedenen Blickwinkel, aus dem es Bilder an das Gehirn sendet. Dieses setzt alle Einzelbilder zu einem Gesamtbild zusammen. So nehmen Bienen Bewegungen, Licht und Farben wahr.

Da die beiden Facettenaugen seitlich am Kopf liegen (und nicht vorne wie bei uns), haben Bienen eine hervorragende räumliche Orientierung und einen fast 360-Grad-Rundumblick. Drei kleinere, sehr lichtempfindliche Punktaugen auf der Stirn helfen, ihre Position zu bestimmen. Bienen können Dinge sehen, die wir nicht wahrnehmen. Luftmoleküle brechen das Licht und lassen Muster entstehen. Bienen erkennen diese Muster und benutzen sie, um den Weg nach Hause zu finden. Außerdem sind Bienen in ihrer Wahrnehmung viel schneller als wir, sie können Reize in Windeseile verarbeiten. Deshalb erkennen sie auch einzelne Blüten ganz scharf, selbst wenn sie rasend schnell durch die Landschaft schwirren.

Das menschliche Auge sieht das Farbenspektrum des Regenbogens, von Rot über Orange, Gelb, Grün und Blau bis Violett. Bienen kennen kein Rot oder Orange. Dafür sehen sie Farben, die am violetten Ende des Spektrums liegen, zum Beispiel Ultraviolett, das für uns unsichtbar ist. Blüten, die für uns völlig unauffällig sind, erscheinen den Bienen in den schönsten Farben und locken sie an.

Bienenblick

Ganz selten kommt es vor, dass Menschen ultraviolettes Licht sehen können. Eine Verletzung oder Operation kann das Sehverhalten verändern. Das Auge nimmt dann mehr bläuliche und violette Farbnuancen wahr. So erging es dem französischen Maler Claude Monet, der an Grauem Star litt und sich operieren ließ. Danach verschob sich sein Farbspektrum zu Blau und Violett.

▲ Dieselbe Blume kann für Bienen ganz anders aussehen als für uns. Wir finden ihre Farben vielleicht langweilig, für Bienen wirken sie wie aus einem Fantasy-Film.

EXPERIMENT:
Total verpeilt?

ACHTUNG: Dieses Experiment erfordert eine Woche Beobachtungszeit und viel Geduld.

Woher wissen Bienen, wo die besten Sammelplätze sind? Wo speichern sie diese Informationen, und wie können sie sich tagtäglich wieder daran erinnern? Bei diesem Experiment lernst du, wie Bienen sehen und was sie sich merken.

DU BRAUCHST

- 1 Tasse (250 ml) Wasser
- Kochtopf
- ½ Tasse (110 g) Zucker
- 3 weiße Karten DIN A7
- schwarzer Marker
- Klebeband
- 3 wiederverschließbare kleine Plastikbeutel
- 3 flache Schälchen oder Deckel von Gläsern
- bunte Filzstifte

SO GEHT'S

SCHRITT 1:
Koche deinen eigenen Nektar.

- Bitte einen Erwachsenen, dir zu helfen. Gieße das Wasser in den Topf und stelle diesen auf den Herd. Bringe das Wasser fast zum Kochen.
- Wenn kleine Luftblasen vom Topfboden aufsteigen, schalte den Herd aus. Gib den Zucker hinein und rühre, bis er sich aufgelöst hat.
- Lass das Zuckerwasser stehen, bis es kalt ist.

Echter Blütennektar ist diesem Zuckerwasser sehr ähnlich.

DAS BIENEN-ABC

SCHRITT 2:
Lege die Karten aus.

- Male mit dem schwarzen Marker auf die erste Karte ein Dreieck, auf die zweite einen Kreis und auf die dritte ein Quadrat. Zeichne die Motive so groß wie möglich und male sie vollständig schwarz aus.

- Lege jede Karte in einen Plastikbeutel und verschließe ihn, damit kein Regenwasser eindringen kann.

- Lege die Kartenbeutel draußen mit dem Motiv nach oben an eine sonnige Stelle. Lege sie 75 cm voneinander entfernt.

SCHRITT 3:
Stelle die Schälchen auf.

- Gieße etwas von deinem selbstgemachten Nektar in ein Schälchen. Die anderen beiden Schälchen füllst du mit Wasser. Achte darauf, dass in allen drei Schälchen gleich viel Flüssigkeit ist.

- Markiere das Schälchen mit dem Zuckerwasser mit dem Filzstift oder einem Stück Klebeband.

- Stelle neben jedem Kartenbeutel ein Schälchen auf. Achte darauf, dass die Motive gut zu sehen sind. (Du kannst die Beutel mit einem Stein beschweren, damit der Wind sie nicht wegbläst.)

SCHRITT 4:
Beobachte.

- Hol dir einen Stuhl oder eine Decke, um bequem Wache zu halten.
- Welche Insekten werden von deinem „Nektar" angezogen? Wie viele Tage brauchen die Bienen, um herauszufinden, in welchem Schälchen dein Nektar ist?

SCHRITT 5:
Vertausche die Karten.

- Ein paar Tage, nachdem die Bienen den Nektar entdeckt haben, nimmst du die Karte neben dem Nektarschälchen und tauschst sie gegen eine der anderen Karten aus. Das Motiv, das beim Nektarschälchen lag, liegt nun vor einem Wasserschälchen.

- Was passiert in den folgenden Tagen? Fliegen die Bienen trotzdem direkt zum Zuckerwasser? Oder fliegen sie zu dem Schälchen mit der Karte, die vorher neben dem Nektarschälchen lag?
- Lass die Karten an ihrem Platz und vertausche das Nektar- mit dem Wasserschälchen, vor dem die Karte mit dem dritten Motiv liegt. Was passiert?

SCHRITT 6:
Forsche weiter.

- Wiederhole das Experiment. Male jetzt nicht drei verschiedene Motive, sondern nur Kreise oder nur Dreiecke, jeweils in einer anderen Farbe. Was verändert sich? Sind manche Farben wirkungsvoller? Oder male Gesichter. Was fällt dir auf?

DAS BIENEN-ABC

WAS PASSIERT DA?

Sicher haben deine Bienen herausgefunden, neben welchem Motiv das Nektarschälchen steht. Wem sind die Bienen gefolgt, als du mit dem Austausch begonnen hast, dem Motiv oder dem Nektar?

Überall auf der Welt verlassen sich Bienen auf zwei Dinge. Erstens: Die Sonne, die sie als Kompass benutzen. Um zu ihrem Nest zu finden, zu den mit köstlichem Nektar gefüllten Blüten oder zu deinem hausgemachten Nektar, merken sie sich deren Position im Verhältnis zur Sonne. Anders als wir Menschen können sie auch polarisiertes Licht wahrnehmen, das bedeutet: Selbst wenn dichte Wolken die Sonne verdecken, sehen sie genau, aus welcher Richtung die Sonnenstrahlen kommen.

Zweitens: So, wie Bienen Muster erkennen, die ultraviolettes Licht auf Blüten zeichnet, erkennen sie auch von dir gemalte Muster. In ihrem Gehirn speichern sie diese Muster als Hinweis auf eine Futterstelle ab. Imker mit vielen Bienenvölkern helfen ihren Bienen oft, den richtigen Bienenstock zu finden, indem sie jeden Stock mit eigenen Farben und Mustern markieren. So weiß jede Biene, welches ihr Heim ist.

Was riecht eine Biene?

Bienen haben einen außergewöhnlich guten Geruchssinn. Im Flug benutzen sie ihre Antennen, das Maul und sogar die Füße, um Düfte – selbst aus mehreren Kilometern Entfernung – aufzunehmen. Spezielle Haare an Beinen und Fühlern können Süßes und Salziges riechen. Die Biene muss also nur über einer Blüte schwirren, schon signalisiert ihr Geruchssinn: Da gibt's süßen Nektar. Fliegt sie über Wasser, weiß sie sofort, wie salzig es ist.

Bienen werden auch eingesetzt, um uns Menschen mit ihrem genialen Geruchssinn zu helfen. Wissenschaftler eines Forschungsprojekts am Los Alamos National Laboratory in den USA haben Bienen zu Bombendetektoren ausgebildet. Wenn diese Bienen Sprengstoff erschnuppern, strecken sie ihren langen Rüssel aus.

DAS BIENEN-ABC

EXPERIMENT:
Riechen wie Bienen

Der Geruchssinn einer Biene ist hundert Mal so stark wie der von uns Menschen. Schnapp dir einen Freund oder eine Freundin und stürze dich in dieses geruchsintensive Abenteuer.

DU BRAUCHST

- Klarsichtfolie
- spitzer Bleistift
- Schal
- Freund/Freundin als „Biene"
- mindestens 6 oder 8 Behälter (z. B. saubere Papp- oder Jogurtbecher)
- mindestens 3 oder 4 stark riechende Dinge (z. B. Pfefferminzbonbon, Orange, Zitrone, Zimt, Knoblauch, Gewürzgurke, Honig, Blumen, Vanillezucker)

SO GEHT'S

SCHRITT 1:
Bereite deine „Blumen" vor.

- Stelle deine Behälter paarweise auf (du brauchst zwei für jeden Duft) und befülle jedes Paar mit einer stark riechenden Substanz (Dinge nicht mischen!).
- Verschließe alle Behälter gut mit Klarsichtfolie und bohre mit dem Bleistift drei Löcher in jede Abdeckung.

SCHRITT 2:
Lege deinen Duftgarten an.

- Verbinde deiner „Biene" die Augen.
- Stelle je einen Becher eines Duftes an die zwei Stirnseiten eines Tisches. Wenn du sie nicht in der gleichen Reihenfolge aufstellst, wird das Experiment spannender.
- Lass deine „Biene" an den Bechern auf der einen Tischseite schnuppern. Führe sie zur anderen Tischseite, um an den Bechern dort zu schnuppern. Welche Becher riechen gleich? Und wonach?

WAS PASSIERT DA?

Auf diese Weise arbeiten Bienen, wenn sie auf Blütensuche gehen, um Futter zu sammeln. Sie identifizieren den typischen Geruch einer Blüte und grasen dann nach und nach alle Blüten ab, die denselben Geruch haben, um ihren Pollen und Nektar einzuholen.

Was spürt eine Biene?

Blüten sind von einem elektrischen Feld umgeben. Die Bienen können dieses elektrische Feld nicht nur spüren, sondern anhand seiner Stärke auch viel über eine Blüte erfahren, schon bevor sie auf ihr landen.

Der Rumpf der Bienen ist mit feinen Haaren besetzt. Während die Biene fliegt, setzen sich in der Luft schwebende Staubpartikel in den Haaren fest. Dadurch erhält die Biene eine schwache positive Ladung. Das elektrische Feld einer Blüte ist negativ geladen. Wenn die positiv geladene Biene über der negativ geladenen Blüte schwebt, kommt es zu einer Reaktion. Dadurch wird zum Beispiel Pollen in die Luft geschleudert.

In jeder Haarwurzel sitzt ein Nerv, der dem Gehirn meldet, wenn das Haar bewegt wird. Durch die elektrische Reaktion bewegen sich auch die Härchen der Biene, und daran, wie sich diese Härchen biegen, erkennt die Biene die Stärke der elektrischen Ladung. Ist sie schwach, bewegen sich die Härchen kaum. Dann fliegt die Biene weiter, denn offensichtlich war eine Kollegin schon vor ihr da und hat sich an Pollen und Nektar gelabt. Hat die Blüte ein starkes elektrisches Feld, sträuben sich die Härchen am Bienenkörper und die Biene weiß: Hier finde ich reichlich Futter.

Wenn die Biene auf der Blüte landet, entstehen durch die positive Ladung der Biene und die negative Ladung der Blüte magnetische Kräfte. Der negativ geladene Pollen wird vom positiv geladenen Bienenkörper angezogen und haftet daran fest.

BIENE
(POSITIVE LADUNG)
+
BLÜTE
(NEGATIVE LADUNG)
=
ANZIEHUNG!

EXPERIMENT:
Pollenattacke

Das Luftballon-Haare-Experiment zeigt dir, wie ein elektrisch aufgeladener Gegenstand Pollen zum Fliegen bringt.

DU BRAUCHST

- Schere
- Bastelkarton
- Kosmetiktuch
- Luftballon
- deine Haare (oder einen Wollpullover)

SO GEHT'S

SCHRITT 1:
Bastele eine Blume.

- Schneide mit der Schere den Umriss einer Blume aus dem Bastelkarton aus.

SCHRITT 2:
Stelle Pollen her.

- Schneide oder reiße ein Kosmetiktuch in winzige Stückchen. Lege diese als Häufchen in die Mitte der Blume.

SCHRITT 3:
Bastele deine Biene.

- Blase den Luftballon auf und verschließe ihn. Das ist deine Biene.
- Reibe deine Biene 10 Sekunden lang an deinen Haaren (oder am Pulli).

SCHRITT 4:
Hole dir den Pollen.

- Halte deine Biene knapp über das Pollenhäufchen auf der Blume, ohne es zu berühren.
- Was beobachtest du?

WAS PASSIERT DA?

Indem du deine Ballon-Biene an deinen Haaren oder am Pulli reibst, wird sie negativ aufgeladen.* Die „Pollen"-Stückchen sind leicht positiv geladen. Gegensätzliche Ladungen ziehen sich an. Sobald du die aufgeladene „Biene" dem „Pollen" annäherst, entsteht ein Magnetfeld und der Pollen „springt" auf den Bienenkörper.

* Wenn du den Ballon an den Haaren reibst, nimmt er Elektronen auf und wird dadurch negativ aufgeladen. Eine echte Biene ist positiv geladen, weil der Staub in der Luft die negativen Elektronen an sich bindet.

Warum summt eine Biene?

Bienenflügel bewegen sich mit unglaublichen 11 400 Schlägen pro Minute. Durch diese schnellen Bewegungen entsteht das Summen. Und das nutzt die Biene für verschiedene Zwecke. Zum Beispiel teilt sie so ihrer Umwelt mit: „Hier bin ich!" Oder sie macht ihre Kolleginnen auf eine Gefahr aufmerksam. Oder sie will einen Partner finden. Das Summen kann auch bei der Futtersuche nützlich sein. Einige Bienenarten, etwa Hummeln, können dank spezieller Brustmuskeln den Flügelschlag noch steigern. Wenn sie auf einer Blüte landen und ihre Muskeln spielen lassen, erzeugen sie Frequenzen, durch die der Pollen aus den Staubbeuteln geschüttelt wird und sich am Bienenkörper festsetzt. Manche Blüten lassen ihren Pollen nur los, wenn eine Biene solche Vibrationen (Schwingungen) erzeugt.

EXPERIMENT:
Es summt und brummt

Auch du kannst durch Summen Bewegung erzeugen! Folge dieser Anleitung und du wirst „Pollen" in Schwingung versetzen.

DU BRAUCHST

- Klarsichtfolie
- Schüssel
- Gummiband
- Marker
- ¼ TL gemahlener Zimt

SO GEHT'S

SCHRITT 1:

Spanne Klarsichtfolie über eine Schüssel. Sichere die Ränder der Folie mit dem Gummiband, damit die Oberfläche dicht und gut gespannt ist wie bei einer Trommel. Zeichne mit dem Marker einen Kreis (in der Größe einer 1-Euro-Münze) in die Mitte der Folie.

SCHRITT 2:

Streue das Zimtpulver in diesen Kreis.

SCHRITT 3:
Beuge dein Gesicht über die Folienoberfläche und halte ca. 30 cm Abstand. Summe wie eine Biene. Was stellst du fest?

WAS PASSIERT DA?

Das Zimtpulver im Kreis reagiert wie der Pollen in einer Blüte. Wenn du über der mit Folie bespannten Schüssel (der „Blume") zu summen beginnst, erzeugst du mit deiner Stimme Frequenzen, die die Oberfläche der Folie vibrieren lassen. Dadurch wird das Zimtpulver (der „Pollen") bewegt und verlässt den Kreis. Auf ganz ähnliche Weise „befreit" eine Biene den Pollen aus den Staubbeuteln einer Blüte.

EXPERIMENT:
Bienchen summ' herum

Das Summen einer Biene wird durch schnelle Flügelbewegungen erzeugt. Du kannst deinen eigenen Summer basteln und in der Luft wirbeln lassen, um Vibrationsgeräusche wie eine Biene zu erzeugen.

DU BRAUCHST

- Radiergummikappen (die man auf den Bleistift aufstecken kann)
- Holzstiel (von einem Eis am Stiel) oder Holzspatel (Bastelbedarf)
- Karteikarte DIN A7
- Hefter oder Tacker, um die Karteikarte am Holzstiel zu befestigen
- Schnur (60 cm lang)
- Gummiband (6 mm breit), knapp doppelt so lang wie der Holzstiel
- Schere

SO GEHT'S

SCHRITT 1:

- Stecke auf beide Enden des Holzstiels eine Radiergummikappe.
- Lege die Karteikarte mit der Schmalseite bündig auf den Holzstiel zwischen den Gummikappen. (Eventuell musst du etwas von der Karte abschneiden, damit sie dazwischen passt).
- Befestige die Karte mit mindestens drei Heftklammern am Holzstiel.

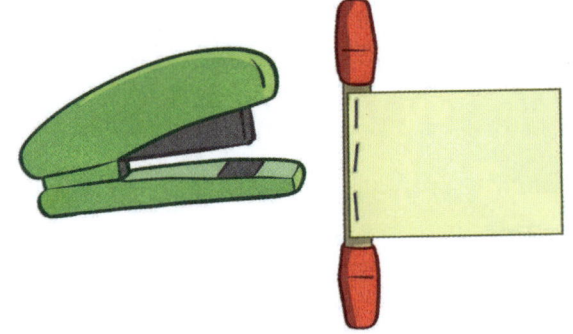

SCHRITT 2:
- Knote ein Ende der Schnur an den Holzstiel, direkt unter eine Radiergummikappe.
- Spanne das Gummiband längs um die beiden Kappen des Holzstiels. Ziehe die Schnur unter dem Gummiband hervor.

SCHRITT 3:
- Schneide am anderen Ende der Karteikarte etwa ein Drittel ab.

SCHRITT 4:
- Nimm das freie Ende der Schnur in die Hand und wirbele deinen Summer kreisförmig herum. Kannst du etwas hören?

WAS PASSIERT DA?
Wenn du den Summer herumwirbeln lässt, beginnt er durch die Luftbewegung zu vibrieren. Die Karteikarte und das Gummiband flattern wie Bienenflügel und erzeugen ein Geräusch, das echtem Bienensummen sehr ähnlich ist.

KAPITEL 3
WAS PFLANZEN KÖNNEN

Unser ganzes Leben auf der Erde basiert auf Pflanzen. Sie produzieren Sauerstoff, den alle benötigen, die atmen müssen. Sie stehen am Anfang der Nahrungskette, die uns und so gut wie alle anderen Lebewesen satt macht. Entdecke, was Pflanzen tun und wie sie es tun. Und wie Bienen ihnen dabei helfen.

Aus Licht wird Nahrung

Die Blätter von Pflanzen enthalten den Farbstoff *Chlorophyll*. Das Chlorophyll nimmt Sonnenlicht auf. Zusammen mit Molekülen aus Luft, Erde und Wasser produziert die Pflanze daraus Kohlenhydrate, von denen sie sich ernährt. Diesen Vorgang nennt man *Fotosynthese*. Die Kohlenhydrate stecken in Wurzeln, Früchten, Stielen, Blättern und Blüten, sie schmecken nicht nur oft lecker, sondern liefern uns auch wertvolle Energie. Chlorophyll sieht für uns grün aus, weil das die Farbe des Lichts ist, das von den Pflanzen nicht absorbiert wird. Denn Sonnenlicht ist nicht einfach farblos. Es besteht aus den Spektralfarben Rot, Orange, Gelb, Grün, Hellblau, Indigo und Violett. Die Pflanzenzellen nehmen die Energie des roten, orangen, gelben, hellblauen, dunkelblauen und violetten Lichts auf. Das grüne Licht wird von ihnen reflektiert.

Wie Pflanzen die Welt verändert haben

In der Steinzeit zogen die Menschen in Gruppen als Jäger und Sammler durch die Lande. Das war kein einfaches Leben. Manchmal gab es Ratten zum Abendessen, ein anderes Mal Mammutfleisch oder Fisch oder Beeren, Wurzeln, Insekten. Man aß eben das, was man fand. Und manchmal kamen die Menschen hungrigen Raubtieren in die Quere, die sich natürlich über die fette Beute freuten.

Aber allmählich veränderte sich das. Die Menschen fanden heraus, welche Pflanzen nicht nur satt machten, sondern auch gut für die Gesundheit waren. Also sammelten sie hauptsächlich diese Pflanzen. Sie beobachteten, wie sie wuchsen, blühten, Samen bildeten und sich vermehrten. Und kamen auf die Idee, dass sie die Samen sammeln und selbst aussäen könnten, um neue Pflanzen entstehen zu lassen. So entstand Landwirtschaft. Die Menschen begannen, Pflanzen anzubauen. Sie mussten nicht mehr zum Sammeln umherziehen. Sie konnten sich an einem Ort niederlassen, Dörfer gründen und mit ihrer Ernte Handel treiben. So entstand die Zivilisation.

Wir Menschen brauchen heute nach wie vor Pflanzen, um zu überleben. Sie liefern uns nicht nur Nahrung und Sauerstoff. Schau dich einmal um: Überall wirst du Dinge entdecken, die auf Pflanzen basieren: Holz und Papier, Medizin, selbst Jeans und T-Shirts.

EXPERIMENT:
Spurensuche

Alles, was wir essen, geht auf Pflanzen zurück. Alles. Bei Salat oder Äpfeln ist das klar. Schließlich können wir sie wachsen sehen. Auch bei Fleisch und Milchprodukten lässt sich der Zusammenhang leicht herstellen: Tiere fressen Pflanzen. Aber wie sieht es bei verarbeiteten Nahrungsmitteln aus, bei Keksen zum Beispiel? Hier erfährst du es …

DU BRAUCHST

- die Verpackung deines Lieblingsessens (Müsli, Schokoriegel, Pizza … egal, was!)
- Blatt Papier
- Stift

SO GEHT'S

SCHRITT 1:

- Ziehe auf dem Papier eine Mittellinie von oben nach unten.
- Als Überschrift der linken Spalte schreibst du „Inhaltsstoffe". Oben in die rechte Spalte schreibst du „Herkunft".

SCHRITT 2:

- Lies die Liste der Inhaltsstoffe auf der Verpackung.
- Schreibe alle Zutaten in die linke Spalte.

SCHRITT 3:

- Prüfe jede einzelne Zutat und überlege, auf welche Pflanze(n) sie zurückgeht. Schreibe den Namen der Pflanze(n) in die rechte Spalte.
- Tipp: Alle Wörter, die auf „-ose" enden, sind Zucker. Und Zucker wird aus Pflanzen (Zuckerrohr, Zuckerrüben, Früchte) gewonnen.

WAS PASSIERT DA?

Alles, was du isst, war entweder Teil einer Pflanze, wurde aus Pflanzen hergestellt oder kann anhand der Nahrungskette bis zu Pflanzen zurückverfolgt werden. Aber deswegen sind nicht alle Lebensmittel gleichwertig. Stark verarbeitete Produkte, die aus Zutaten von weit her in Fabriken hergestellt wurden, haben mit den Pflanzen, aus denen sie bestehen, nur noch wenig zu tun. Kartoffelchips sind etwas ganz anderes als frische Kartoffeln. Oft sind die Lebensmittel, die kaum verarbeitet wurden, am gesündesten.

Haben Pflanzen Sex?

Wie bei den meisten Lebewesen müssen auch bei Pflanzen weibliche und männliche Samenzellen zusammenkommen, um Nachwuchs zu zeugen. Das ist ein komplizierter Prozess, der mit der Blüte beginnt. Jede Blüte hat weibliche und männliche Teile. Die männlichen Teile heißen Staubblätter und produzieren Blütenstaub, eine andere Bezeichnung für Pollen. Der weibliche Teil heißt Stempel und ähnelt einer langen, bauchigen Vase. Ihr oberer Rand wird Narbe genannt, der verdickte untere Teil ist der Fruchtknoten. Dort liegen die Samenanlagen, in denen die Samen entstehen. Wenn der Pollen von den Staubblättern auf die Narbe gelangt, kommt es zur Befruchtung und zur Bildung neuer Samen. Dieser Vorgang heißt Bestäubung.

Der Haken an der Sache ist: Die Bestäubung erfolgt nicht von allein. Pflanzen bekommen Hilfe vom Wind und von Vögeln, Käfern oder eben Bienen. Diese Tiere werden deshalb „Bestäuber" genannt. Die meisten erfüllen ihre Aufgabe ganz unabsichtlich. Sie haben es nur auf den süßen Nektar abgesehen. Aber jedes Mal, wenn sie auf einer Blüte „tanken", klebt etwas Pollen an ihnen fest. Den tragen sie zur nächsten Blüte, wo er abfällt und auf die dortige Narbe trifft. Dadurch, dass Blüten von dem Pollen einer anderen Blüte bestäubt werden, können sich Samen mit neuen Genkombinationen bilden, wovon die nächsten Generationen profitieren. Dafür bedanken sich die Blüten bei ihren Bestäubern mit einer süßen Belohnung.

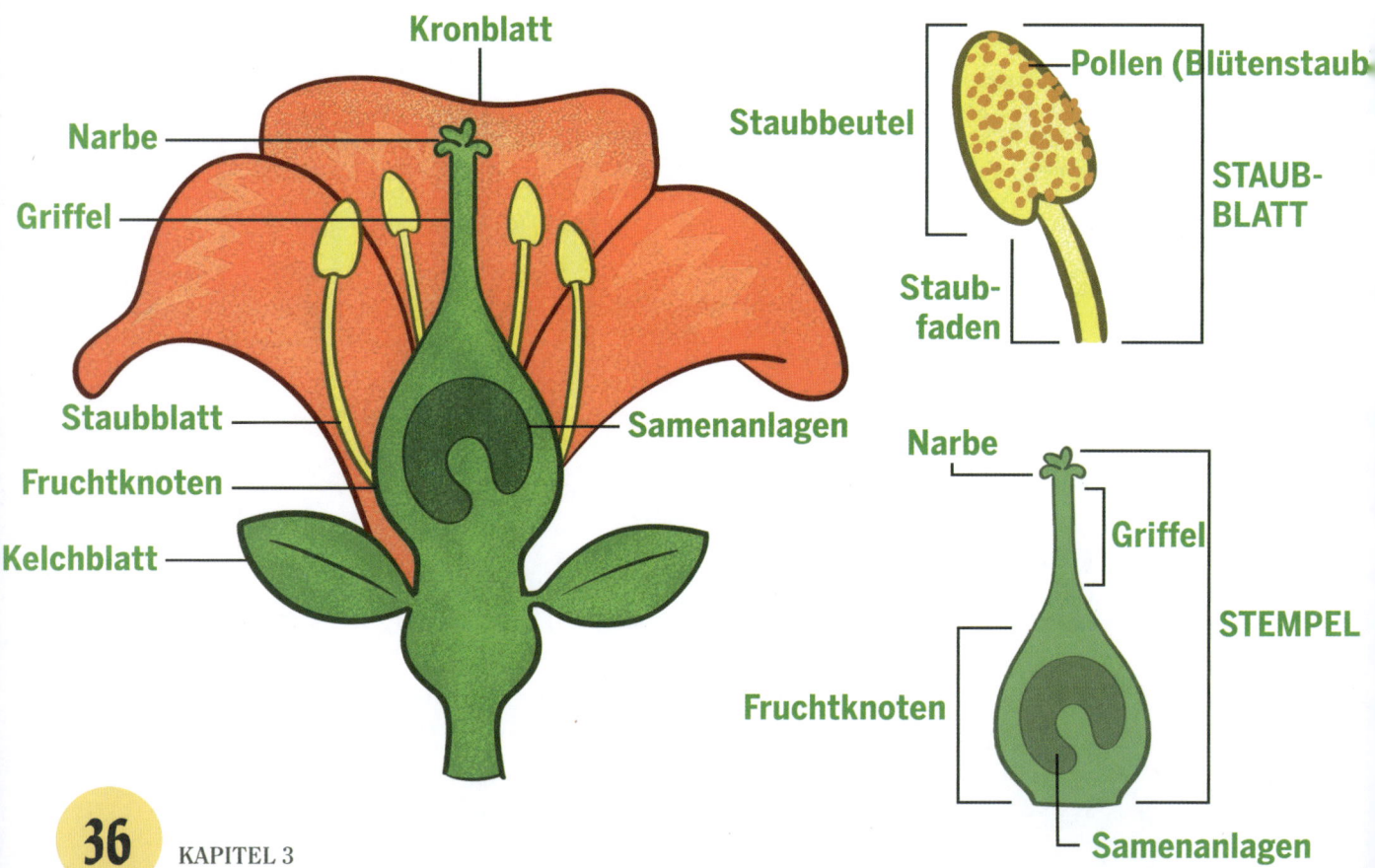

EXPERIMENT:
Seziere eine Blüte

Pflücke eine Handvoll verschiedener Blüten und untersuche, wie sie aufgebaut sind. Dabei helfen dir die Schemazeichnungen auf Seite 36. Es macht Spaß, verschiedene Blütenarten miteinander zu vergleichen. Eine Narzisse sieht wirklich ganz anders aus als eine Apfelblüte.

DU BRAUCHST

- Klebeband
- Stift
- Schere
- mindestens 2 Bögen dickes Papier (Fotopapier oder Bastelkarton)
- mindestens 2 verschiedene Blüten

SO GEHT'S

SCHRITT 1:
Bereite deine Sammelblätter vor.

- Reiße ein langes Stück Klebeband ab und lege es mit der Klebseite nach oben quer über das Papier, ungefähr auf halber Höhe.
- Fixiere es an den Enden mit zwei kleinen Stücken Klebeband auf dem Papier.
- Das ist dein Sammelblatt. Bereite eines für jede Blütenart vor, die du untersuchen willst.

WAS PFLANZEN KÖNNEN 37

SCHRITT 2:
Nimm die Blüten auseinander.

- Schreibe den Blütennamen oben auf das Papier.
- Zupfe die Kronblätter ab, schaue sie dir genau an und lege eines davon ganz links auf den Klebestreifen. Darunter schreibst du „Kronblatt".
- Suche die Kelchblätter, zupfe sie aus und lege ein Exemplar auf den Klebestreifen rechts neben das Kronblatt. Beschrifte es mit „Kelchblatt".
- Zupfe ein Staubblatt aus und lege es neben das Kelchblatt. Schreibe „Staubblatt" darunter und benenne „Staubbeutel" und „Staubfaden".
- Suche den Pollen, stäube etwas davon auf den Klebestreifen und schreibe „Pollen" darunter.
- Schneide den Stempel vorsichtig längs in zwei Teile und lege eine Hälfte auf den Klebestreifen, mit der Schnittseite nach oben. Dann schreibst du dazu: „Stempel", „Narbe", „Griffel", „Fruchtknoten" und „Samenanlagen".

SCHRITT 3:

Wiederhole Schritt 1 und 2 mit anderen Blütenarten. Sind die einzelnen Teile leicht zu finden? Welche Unterschiede zwischen den Blütenarten findest du?

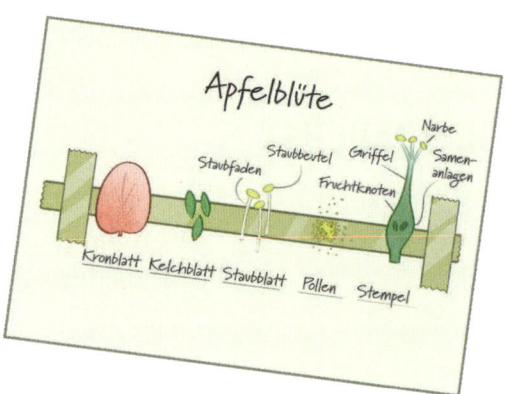

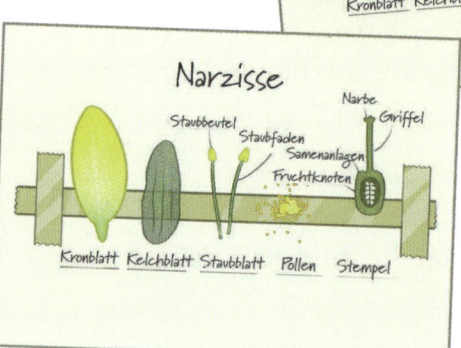

EXPERIMENT:
Chips-Pollen

Flips und Chips mit Paprikagewürz eignen sich prima, um zu zeigen, was bei der Bestäubung passiert.

DU BRAUCHST

- Flips oder Chips (je röter und würziger, desto besser)
- mindestens 2 Pappbecher
- mindestens 2 Kosmetiktücher (1 pro Pappbecher)
- mindestens 2 Gummiringe (1 pro Pappbecher)
- Schere

*Du hast keine Paprikachips? Dann nimm in Kakaopulver gewälzte Schokokugeln. Zur Not klappt es auch einfach mit Kakaopulver. Dann solltest du deine Finger leicht befeuchten, wenn du zu **SCHRITT 2** kommst.*

SO GEHT'S

SCHRITT 1:
Bastele deine „Blumen".

- Fülle eine Handvoll Chips oder Flips in jeden Pappbecher.
- Falte jedes Kosmetiktuch auf die Hälfte und schneide es in der Mitte der Faltkante 5 cm ein. Falte die Tücher auseinander und lege eines über jede Becheröffnung. Fixiere die Tücher mit Gummiringen.

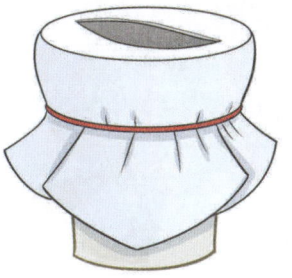 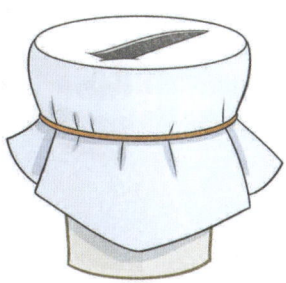 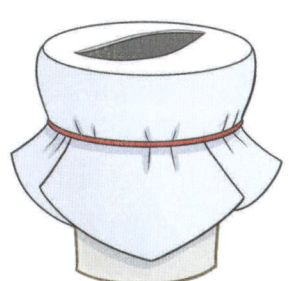

WAS PFLANZEN KÖNNEN

SCHRITT 2:
Stelle deine „Blumen" auf und verwandle dich in eine Bestäuber-Biene.

- Stecke vorsichtig eine Hand durch den Schlitz im Tuch (deine „Blüte") und greife mit den Fingern ein paar Chips oder Flips. Lass dir den „Nektar" schmecken, aber lecke auf keinen Fall deine Finger ab!
- Greife in die nächste „Blüte" und hole dir deine Portion „Nektar".
- Wiederhole das mehrmals.
- Was fällt dir an deinen „Blüten" auf?

WAS PASSIERT DA?

Wie eine Biene hast du in der Blüte etwas Leckeres entdeckt. Also bist du eingedrungen, um es dir zu holen. Beim Herausziehen blieb etwas Blütenstaub (Paprikagewürz) an den Fingern hängen. Während du nun in einen Becher nach dem anderen gegriffen hast, hast du den Pollen von Blüte zu Blüte transportiert. Das Tuch wurde um den Schlitz herum immer röter – vom Paprikagewürz der Chips aus den anderen Bechern. Bei den Bienen verhält es sich genau so. Sie saugen Nektar, dabei bleibt Pollen an ihnen hängen, den sie zur nächsten Blüte mitnehmen. Dort fällt er ab und die Blüte wird befruchtet.

Selbstbestäubung kontra Fremdbestäubung

Wenn Pollen vom Staubblatt zum Stempel ein und derselben Blüte wandert, spricht man von *Selbstbestäubung*. Gelangt der Pollen zum Stempel einer anderen Blüte, handelt es sich um *Fremdbestäubung*. Die Fremdbestäubung bringt kräftigere Pflanzen hervor. Allerdings müssen die Blüten zur selben Pflanzenart gehören. Nur Pollen von einem Kirschbaum kann einen anderen Kirschbaum befruchten.

Bestäuber-Hitliste

BIENEN: Wenn Bienen von Blüte zu Blüte fliegen, setzt sich Pollen in ihren Härchen fest. Honigbienen sind ordentlich, sie fegen den Blütenstaub in die „Körbchen" an ihren Beinen und nur wenig bleibt im Pelz hängen. Mauerbienen dagegen machen gerne eine Bauchlandung auf der Blüte und werden dabei mit Pollen regelrecht eingestäubt. Deshalb fällt in der nächsten Blüte viel mehr Pollen zur Befruchtung ab.

SCHMETTERLINGE: Sie bevorzugen Nektar aus flachen Blüten wie Sonnenblumen oder Margeriten. Wenn sie auf der Blüte landen, heftet sich Pollen an ihre Beine, den sie dann zur nächsten Blüte mitnehmen und dort wieder verlieren.

VÖGEL: Kolibris bewegen sich extrem schnell. Deshalb brauchen sie viel Energie und müssen praktisch ständig Nektar saugen. Sie besuchen bis zu 1000 Blüten pro Tag, und der Pollen, den sie dabei transportieren, kommt ganz schön herum.

FLEDERMÄUSE: Während sie mit ihrer langen Zunge köstlichen Nektar schlürfen, setzt sich Pollen in ihrem Pelz fest. Wenn die Schlemmerei dann in der nächsten Blüte weitergeht, fällt der Pollen auf deren Narbe und es kommt zur Bestäubung.

KÄFER UND ANDERE INSEKTEN: Für viele Insekten sind Pollen und Nektar ein leckeres Mahl. Ähnlich wie die Schmetterlinge tragen sie dabei unabsichtlich etwas Pollen von einer Blüte zur nächsten und werden damit zu Bestäubern.

WIND: Bevor sich irgendwelche Tiere für Blüten interessierten, waren Pflanzen für die Bestäubung ausschließlich auf den Wind angewiesen. Sie schleuderten ihren Pollen in die Luft, und der Wind trug ihn zu den Blüten in der Umgebung. Einige Pflanzenarten, etwa Gräser, Getreide und Nadelbäume, verlassen sich bis heute auf diese Methode.

Ohne Bienen keine Pizza

Viele der beliebtesten Obst- und Gemüsesorten wären ohne die Bienen als Bestäuber aufgeschmissen. Das gilt z. B. auch für die Luzerne. Du selbst vertilgst diese Kleeart vielleicht nicht, aber die Kühe, aus deren Milch auch Käse (etwa für Pizza) hergestellt wird. Das bedeutet: Ohne Bienen keine Luzerne, keine Kühe, keine Milch, kein Käse – keine Pizza. So etwas nennt man Domino-Effekt. Auch mit Tomaten, Salami und Olivenöl sähe es ohne Bienen schlecht aus. Wenn du gerne leckere Sachen isst, hilf mit, die Bienen zu retten!

Dies sind nur wenige Beispiele, die es ohne Bienen nicht gäbe:

Äpfel	Erdbeeren	Kirschen	Melonen
Auberginen	Guaven	Kiwis	Pfirsiche
Avocados	Gurken	Kokosnüsse	Pflaumen
Baumwolle	Himbeeren	Limetten	Rosen
Blaubeeren	Kaffee	Luzerne	Tomaten
Bohnen	Kakao	Mandeln	Vanille
Brokkoli	Karotten	Mangos	Zitronen

KAPITEL 4
EINZELGÄNGER MAUERBIENEN

Bienen sind allesamt Profis bei der Bestäubung. Aber solitär lebende Arten wie die Mauerbiene sind absolute Spitzenreiter.

In Deutschland leben ca. 40 Mauerbienenarten. Nur 400 Mauerbienenweibchen sind notwendig, um einen Hektar Apfel- oder Mandelbäume zu bestäuben. Bei den Honigbienen wären 20 000 Arbeiterinnen damit beschäftigt.

Warme Farben

Mauerbienen sind meist kleiner als Hummeln und Honigbienen. Außerdem fehlen ihnen oft die gelb-schwarzen Streifen. Die Stahlblaue Mauerbiene etwa hat einen scheinbar schwarzen Körper, der jedoch im Sonnenlicht blau-metallisch schimmert. Die Rostrote Mauerbiene erkennt man an ihrem flaumigen, rostroten Pelz. Die Brut aller Mauerbienenarten schlüpft im Frühjahr und unternimmt erste Ausflüge, wenn es noch relativ kühl ist. Dank ihrer dunklen Farbe heizen sie sich in der Sonne schnell auf. Schon ab 13 °C absorbieren sie Sonnenstrahlen. Das wärmt ihre Muskeln und bringt sie in Schwung.

> **Biene oder Fliege?**
> Die Blaue Schmeißfliege sieht der Stahlblauen Mauerbiene zum Verwechseln ähnlich. Beide haben einen dunklen Körper, der in der Sonne metallisch schimmert. Beide summen. Aber: Mauerbienen suchen Nektar und Pollen von Blüten, Schmeißfliegen halten nach Abfall Ausschau und lieben Müllberge.

Sanfte Biene

Mauerbienen stechen so gut wie nie. Sie sind Einzelgänger und müssen kein ganzes Volk beschützen. Deshalb haben sie keine Verteidigungsstrategien wie Gift oder Drohverhalten entwickelt. Aber alles lassen sie sich auch nicht gefallen. Wenn du sie packen oder gar zerquetschen willst, fahren sie den Stachel aus. Zum Glück tut ein Mauerbienenstich nicht so weh wie der Stich einer Hummel oder Honigbiene. In ihrem Stachel steckt kein Gift, deshalb fühlt sich der Stich so an wie der einer Stechmücke.

Jede darf Königin sein

Anders als bei den staatenbildenden Bienen ist jede weibliche Mauerbiene eine Königin und gleichzeitig eine alleinerziehende Mutter. Sie baut ihr Nest, sammelt Futter, legt Eier und versorgt ihre Brut. Sie entscheidet sogar, ob aus einem Ei eine männliche oder eine weibliche Biene schlüpfen wird. Das Mauerbienenweibchen sammelt die Spermien des Männchens in einer Samentasche, einer Art Blase am Körper. Bei der Eiablage kann sie entscheiden, welche Eizellen mit männlichen Spermien befruchtet werden. Aus diesen entwickeln sich die Weibchen. Aus unbefruchteten Eizellen schlüpfen später Männchen. Die weibliche Brut wird in Zellen tief im Nest untergebracht. Warum? Da die männliche Brut einige Tage vor den Weibchen schlüpfen, ist es praktischer, wenn ihre Zellen näher am Ausgang des schlauchförmigen Nests liegen.

44 KAPITEL 4

Bienenbabys

Im Frühling, wenn es wärmer wird, regen sich die Larven in den Brutzellen. Sie versuchen, ihren Kokon abzuschütteln. Als Erste spüren die männlichen Babys in der Nähe des Ausgangs die Sonnenwärme. Sie werden drei bis 15 Tage vor den weiblichen Larven aktiv. Die Larven fressen sich buchstäblich durch ihren Kokon und krabbeln zum Ausgang der Brutzelle, die leider mit einem Deckel aus Lehm verschlossen ist. Doch die Babys fressen, bis das Loch groß genug ist, um durchzuschlüpfen. Ihre Flügel sind noch feucht und zerknittert. Sie werden erst  einmal entfaltet und gelüftet – und dann fliegen die kleinen Männchen los zur nächsten Blume und zum Nektarfrühstück. Sie schlemmen den ganzen Tag, bleiben aber nahe beim Nest. Denn bald werden die ersehnten Weibchen schlüpfen! Nach ein paar Tagen beginnen auch die Weibchen aus ihren Brutzellen zu klettern. Sie sind größer als die Männchen und haben kurze, kräftige Antennen. Damit checken sie die neue Umgebung. Auch ihre Flügel sind noch zu feucht, um sofort loszufliegen. Das nutzen die Männchen: Sie stürzen sich auf die Weibchen und paaren sich mit ihnen. Damit haben sie ihre Lebensaufgabe erfüllt. Danach sterben sie.

Schaffe, schaffe, Häusle baue

Nach der Paarung suchen sich die Weibchen einen Ort, um ihr Nest für die Eiablage zu bauen. Auch sie bleiben nahe bei dem Nest, in dem sie zur Welt kamen. Mauerbienen sind zwar Einzelgänger, aber gute Nachbarschaft ist ihnen wichtig. Für das Eigenheim bevorzugen sie röhrenförmige Hohlräume, wie Tunnel, die andere Insekten im Holz oder in der Erde gebohrt und verlassen haben. Oder hohle Pflanzenstiele. Oder leere Schneckenhäuser.

Bauchplatscher

Sobald die Mauerbiene einen netten Platz für die künftige Familie ausgesucht hat, verkleidet sie das Tunnelende mit einer Wand. Dafür nimmt sie Schlamm oder feuchte Erde. Wenn die Konstruktion steht, erholt sie sich auf einem Blütenstreifzug.

Mauerbienen fallen beim Landen mit dem Bauch auf die Blüte. Dadurch platzen die Staubbeutel auf, und Pollen wirbelt durch die Luft. Er setzt sich in den Bauchhärchen der Biene ab. Einen Teil davon vermischt sie mit etwas Nektar zu einer klebrigen Masse, die sie mit nach Hause nimmt. Den restlichen Pollen verliert sie, während sie von einer Blüte zur nächsten schwirrt und fleißig bestäubt.

Verschiedene Talente
Die wild und als Einzelgänger lebenden Mauerbienen wurden von Imkern lange Zeit überhaupt nicht beachtet. Sie produzieren ja keinen Honig. Aber genau deswegen sind sie so gute Bestäuber. Honigbienen verbringen viel Zeit damit, nach Blüten zu suchen, deren Nektar sich zur Honigproduktion eignet. Dabei sind sie sehr kritisch. Mauerbienen sind überhaupt nicht wählerisch.

Keine Pause

Den Nektar-Pollen-Klumpen, den die Biene gesammelt hat, lagert sie am hintersten Ende ihres Nestes. Sie macht noch viele weitere Sammelflüge, bis der Vorrat auf Erbsengröße angewachsen ist. Zum Schluss krabbelt sie rückwärts, mit dem Hinterteil voran, in den Tunnel zu ihrem Vorratshaufen, um ein winziges, bohnenförmiges Ei hineinzulegen.

Maurermeisterinnen

Nachdem sie ihr Ei abgelegt hat, macht sich die Mauerbiene daran, die Brutzelle zu verschließen. Sie wuselt nach draußen, taucht ihre Beine in Schlamm und krabbelt zurück. So geht es emsig hin und her, bis aus dem mitgebrachten Schlamm eine Trennwand entstanden ist. Die Mauerbiene macht ihrem Namen alle Ehre!

Ab jetzt ist das Baby auf sich selbst angewiesen. Seine Mama hat ihm ein sicheres Kinderzimmer gebaut und reichlich zu essen dagelassen. Die Mama hat noch zu tun: Sie muss weitere Vorräte sammeln, in die sie die nächsten Eier legt. Jedes Ei bekommt sein eigenes Zimmer. Irgendwann ist der ganze Tunnel mit hintereinanderliegenden, verschlossenen Brutzellen gefüllt. In jeder liegt ein Essensvorrat und ein Ei, geschützt von einer Mauer aus getrocknetem Schlamm. Die ersten Eier, ganz hinten im Tunnel, sind von der Bienenmama mit Spermien befruchtet worden. Aus ihnen entwickeln sich Weibchen. In den Brutzellen am Ausgang liegen unbefruchtete Eier, aus denen Männchen entstehen.

Da die Mauerbiene im Schnitt ein Ei pro Tag legt, dauert es bis zu einem Monat, bis sie mit der Eiablage fertig ist. Dann errichtet sie eine letzte Mauer, um den Nesteingang zu verschließen. Die Bienenmama hat ihre Aufgaben erfüllt. Jetzt kann sie beruhigt sterben.

Das Leben geht weiter

Während des Sommers liegen die bohnenförmigen Eier zunächst faul auf ihrem Vorratshaufen. Dann entwickeln sie sich zu Larven und beginnen, Unmengen zu essen. Mit der Zeit wird der Vorratshaufen immer kleiner und die Larve immer größer. Wenn alles aufgefressen ist, beginnt die Larve, sich in einen Kokon einzuspinnen. Ein Faden wickelt sich in endlosen Runden um den kleinen Körper, bis die dicke, weiße Larve ganz in einer braunen Hülle eingeschlossen ist. In ihrem Inneren entwickelt sich die Larve zur Puppe weiter und ganz allmählich zur Mauerbiene. Diesen Vorgang nennt man *Metamorphose*. Er erstreckt sich über Wochen. Am Ende des Sommers steckt in dem Kokon eine ausgewachsene Mauerbiene.

Den Herbst und Winter über schläft die neue Mauerbiene in ihrem Kokon. Die Frühlingssonnenstrahlen kitzeln sie wach. Es wird wärmer im Nest. Die Mauerbiene beginnt sich durch den Kokon zu fressen. Sie schlüpft. Und der ganze Kreislauf beginnt von vorne.

1. STADIUM: EI

2. STADIUM: LARVE

3. STADIUM: PUPPE

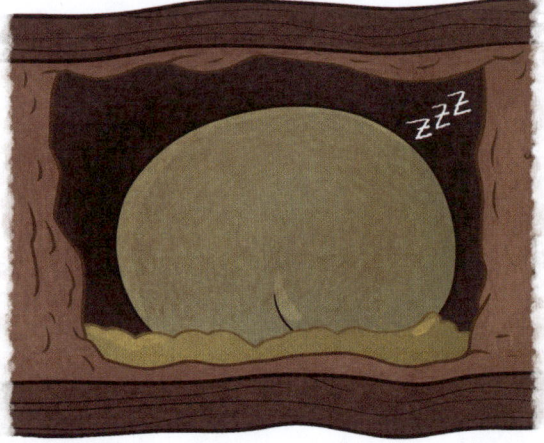

4. STADIUM: BIENE

KAPITEL 5
EIN HAUS FÜR ALLE

Wie Menschen in einem Mietshaus mit vielen Wohnungen zusammenleben, so suchen auch Mauerbienen die Gesellschaft von Artgenossen, bestehen aber gleichzeitig auf Privatsphäre. In diesem Kapitel lernst du, ein Bienenhaus zu bauen, das aus einzelnen Nestern besteht. Jedes Nest hat Platz für die zehn bis zwölf Babys einer Mauerbienenmutter.

EXPERIMENT:
Mach dieses Buch zum Bienenhaus

Schenke wild lebenden Mauerbienen ein gemütliches Heim mit einfachen Papiernestern aus den Seiten dieses Buches.

DU BRAUCHST

- dieses Buch, vor allem den Umschlag, die perforierten Seiten ab Seite 93 und die Schablone auf der letzten Seite
- Klebeband (am besten ein Textilklebeband, damit der Bienenstock wasserdicht ist)
- Schere
- Stift, Essstäbchen oder Ähnliches mit einem Durchmesser von 5–6 mm
- Schnur
- sonniger, geschützter Ort, um den fertigen Bienenstock aufzuhängen
- Nagel oder Haken zum Aufhängen

SO GEHT'S

SCHRITT 1:
Bastele die Hülle des Bienenhauses.

- Nimm den Schutzumschlag dieses Buches ab und drehe die Innenseite nach außen. Biege ihn so, dass die Ösen auf den Löchern liegen.

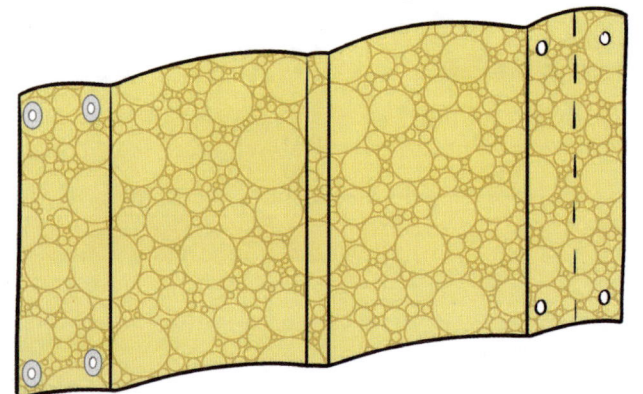

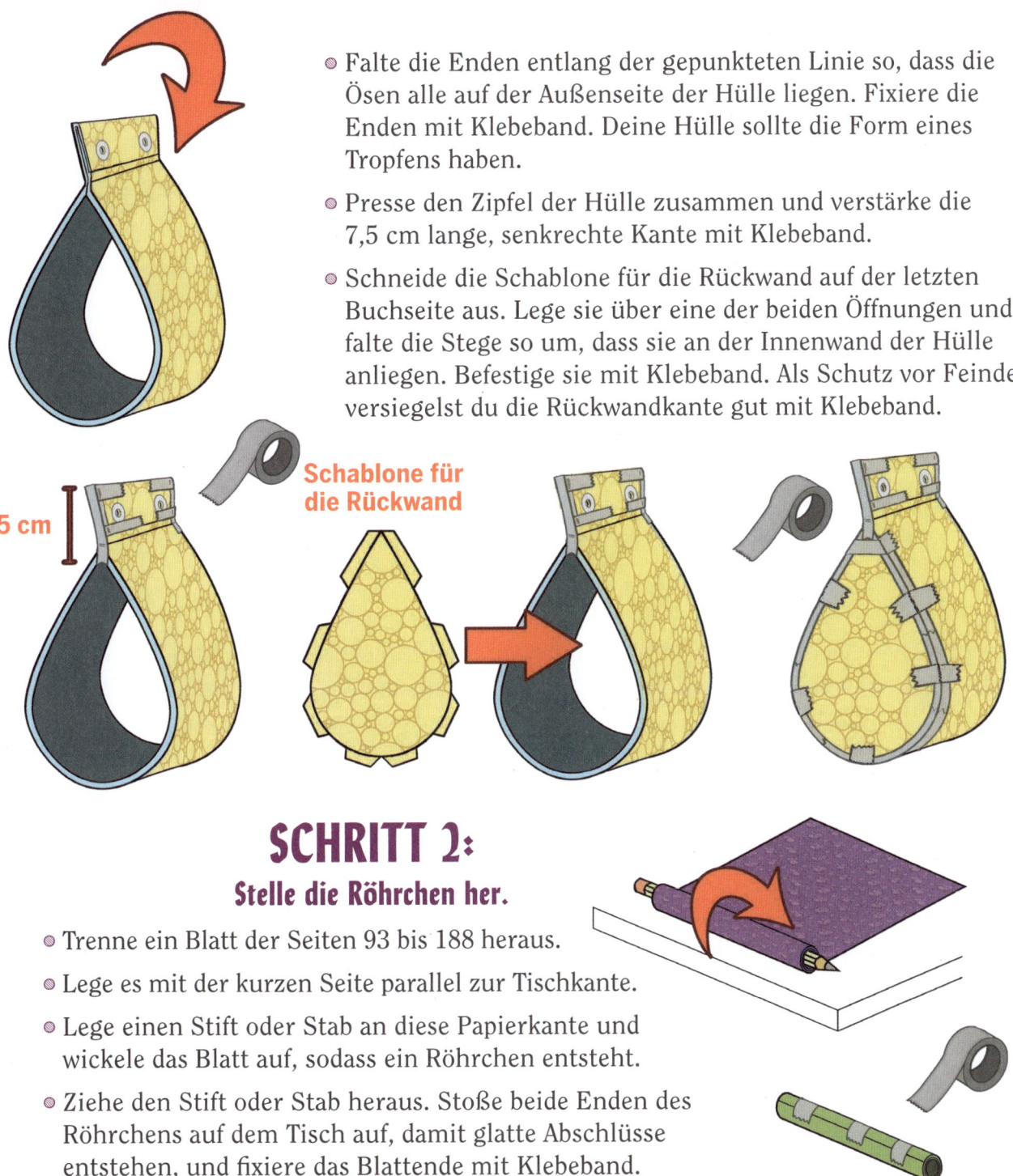

- Falte die Enden entlang der gepunkteten Linie so, dass die Ösen alle auf der Außenseite der Hülle liegen. Fixiere die Enden mit Klebeband. Deine Hülle sollte die Form eines Tropfens haben.
- Presse den Zipfel der Hülle zusammen und verstärke die 7,5 cm lange, senkrechte Kante mit Klebeband.
- Schneide die Schablone für die Rückwand auf der letzten Buchseite aus. Lege sie über eine der beiden Öffnungen und falte die Stege so um, dass sie an der Innenwand der Hülle anliegen. Befestige sie mit Klebeband. Als Schutz vor Feinden versiegelst du die Rückwandkante gut mit Klebeband.

SCHRITT 2:
Stelle die Röhrchen her.

- Trenne ein Blatt der Seiten 93 bis 188 heraus.
- Lege es mit der kurzen Seite parallel zur Tischkante.
- Lege einen Stift oder Stab an diese Papierkante und wickele das Blatt auf, sodass ein Röhrchen entsteht.
- Ziehe den Stift oder Stab heraus. Stoße beide Enden des Röhrchens auf dem Tisch auf, damit glatte Abschlüsse entstehen, und fixiere das Blattende mit Klebeband.

Nicht alle Mauerbienen haben die gleichen Platzansprüche. In der Natur sind ihre Brutzellen in den Tunneln meist zwischen 6,5 und 16 mm breit und 15 mm lang. Blattschneiderbienen begnügen sich mit kleineren Zellen von ca. 4,8 mm Breite.

- Drücke ein Ende des Röhrchens zusammen und verschließe es mit Klebeband. Das Röhrchen darf nur ein offenes Ende haben. Sonst können Feinde eindringen, die Brutzellen besetzen und die Vorräte für den eigenen Nachwuchs rauben.
- Rolle insgesamt 48 Röhrchen mit verschiedenen Durchmessern und lege sie in die Hülle. Wenn sie die Hülle nicht ganz ausfüllen, fügst du noch mehr Röhrchen hinzu.
- Eventuell musst du die Hülle an der oberen, senkrechten Kante noch etwas weiter zusammendrücken und -kleben, damit alles stramm sitzt.

Unterschiedliche Durchmesser lassen die Röhrchen natürlicher wirken und geben den Bienen optische Anhaltspunkte, um zurück in ihr Röhrchen zu finden.

SCHRITT 3:
Endmontage

- Ordne die Röhrchen in der Hülle so an, dass verschiedene Durchmesser nebeneinander liegen. Schiebe alle Röhrchen so weit hinein, dass sie an die Hinterwand stoßen. Dann ziehst du einzelne Röhrchen wieder etwas heraus, damit das Ganze nicht zu glatt und regemäßig wirkt.
- Ziehe eine Schnur durch die Ösen der Hülle.
- Hänge deinen fertigen Bienenstock an ein sonniges Plätzchen (möglichst Süd- oder Ostseite), wo er vor Wind und Regen geschützt ist. Wenn er auf Augenhöhe hängt, kannst du das Treiben deiner Bienen besser beobachten. Achte darauf, dass es in der Nähe Schlamm oder feuchte Erde gibt (notfalls mit der Gießkanne nachhelfen), damit die Mauerbienen ihre Mauern errichten können.

Beste Wohnlage

Dein Bienenhotel ist einzugsbereit. Hänge es an einem Ort auf, wo die Bienen es leicht finden und Lust bekommen, sich dort niederzulassen. Mauerbienen brauchen die Wärme der Sonne, um ihren Organismus aufzuheizen. Erst bei 26,7 °C sind die Muskeln voll funktionsfähig und können die Flügel rotieren lassen. Aber zu heiß darf es auch nicht werden, du willst die Bienen ja nicht grillen! Am besten sind Plätze mit Morgensonne in Süd- oder Ostlage. Dann beginnen die Bienen schon früh am Tag mit dem Pollensammeln und sind vor der Mittagshitze damit fertig.

Wenn der Bienenstock erst einmal hängt, ist es schwierig, ihn zu versetzen. Achte darauf, dass das wachsende Blattwerk der umgebenden Pflanzen ihn nicht verdecken kann. Und hänge in der Nähe keine Vogelfutterstelle auf – nicht dass die Vögel sich zur Abwechslung auch ein paar Bienen picken! Wind und Regen sind sehr schlecht für dein Bienenhaus. Hänge es also an einer geschützten Stelle auf. Zur Not kannst du auch ein Dach basteln.

Speisekarte

Sorge dafür, dass die jungen Bienen in der Umgebung genügend Futter finden, wenn sie im Frühling schlüpfen. Spätestens in 100–200 m Entfernung sollte es Blüten geben. Die Bienen sind von März bis Oktober unterwegs. Frag doch mal deine Eltern, ob ihr für sie einen „Garten" anlegt. Den könntest du so bepflanzen, dass die Bienen bis in den Herbst hinein versorgt sind. Suche Blumensorten aus, die zu verschiedenen Jahreszeiten blühen. Wenn die eine Sorte verblüht ist, macht sich schon die nächste bereit, ihre Köpfchen zu öffnen. Säe die Blumen großflächig aus, und Unkraut ist übrigens gar nicht schlimm – Bienen lieben es wild! Besonders gut für die Bienen sind Pflanzen, die in deiner Gegend heimisch sind. Apfel- und Kirschbäume zum Beispiel. Informiere dich in einer Gärtnerei oder einem Gartencenter. Dort gibt man dir gerne Auskunft, welche Pflanzen schon früh im Jahr blühen und welche sich besonders gut für einen Bienengarten eignen.

Vergiss nicht, dass auch die Farbe eine große Rolle spielt. Da Bienen kein Rot sehen können, sind rote Blüten nutzlos – es sei denn, sie hätten ein ultraviolettes Muster (was wir ja leider nicht erkennen können). Violette, blaue, gelbe und weiße Blüten kommen bei den Bienen am besten an.

Blumen für Mauerbienen

Hier sind einige Blütenpflanzen aus Garten und Natur, die deine Bienen besonders gern anfliegen werden:

Hier folgt eine Auflistung bienenfreundlicher Pflanzen, unterteilt nach Jahreszeiten. Sicher findest du darunter auch Sorten, die in deiner Region gut gedeihen. Vielleicht säst du mit deinen Eltern die eine oder andere Pflanzenart. Dann wird euer Garten oder Balkon ein Tummelplatz für viele verschiedene Bienen, Schmetterlinge und sonstige Bestäuber.

FRÜHLING: Anemone, Bärlauch, Blaukissen, Blaustern, Buschwindröschen, Christrose, Gänseblümchen, Haselnuss, Huflattich, Immergrün, Krokus, Lerchensporn, Lungenkraut, Narzisse, Schachbrettblume, Schleifenblume, Schneeglöckchen, Schneeball, Schnittlauch, Schlehe, Tränendes Herz, Traubenhyazinthe, Tulpe, Winterling.

SOMMER: Ackerwitwenblume, Borretsch, Dahlie, Dill, Eisenhut, Engelstrompete, Esparsette, Färberwaid, Fenchel, Fleißiges Lieschen, Garten-Storchschnabel, Geißblatt, Hortensie, Hundsrose, Japan-Anemone, Klatschmohn, Königskerze, Kugeldistel, Lavendel, Liguster, Lilie, Malve, Minze, Oregano, Petunie, Phacelia, Phlox, Rainfarn, Schafgarbe, Sommerflieder, Sonnenblume, Sonnenhut, Tagetes, Thymian, Topinambur, Vogelwicke, Weidenröschen, Wiesensalbei, Wilde Möhre, Zaunwinde.

HERBST: Ackerglockenblume, Ackersenf, Aster, Besenheide, Gelbklee, Echter Buchweizen, Efeu, Fetthenne, Gelbe Reseda, Leinkraut, Mittagsblume, Kornblume, Wunderbaum, Zinnie.

Gift – nein danke!

Manche Chemikalien, die gegen Schädlinge, Unkraut und Pflanzenkrankheiten eingesetzt werden, sind reines Gift. Auch für Menschen, Haustiere und Gärten sind sie nicht gesund. Und für Bienen, Schmetterlinge, Vögel und andere Nützlinge können sie sogar tödlich sein.

Es gibt alternative Methoden und Naturprodukte gegen Unkraut und Schädlinge, die keine Nebenwirkungen haben. Wenn du Unkraut mit Essig besprühst, geht es ein. Eine Dusche aus Wasser mit etwas Bio-Spülmittel hilft gegen Blattläuse und Nacktschnecken. Freue dich über Marienkäfer und Spinnen – sie fressen gern Ungeziefer.

EIN HAUS FÜR ALLE

AKTIVITÄT:
Werde Dusch-Experte

Hier findest du ein paar umweltfreundliche Ideen, um euren Garten in Bestform zu halten. Die Zutaten für die folgenden Rezepte hast du wahrscheinlich sowieso zu Hause. Du brauchst noch eine Sprühflasche aus dem Gartencenter.

Knoblauchdusche

Hilft gegen Blattläuse, Spinnmilben und Weiße Fliegen.

DU BRAUCHST

- 1 ganze Knoblauchknolle
- 2 Tassen (500 ml) Wasser
- Mixer
- leere 2-Liter-Flasche mit Verschluss
- Passiertuch
- Gummiring
- Wasser

SO GEHT'S

SCHRITT 1:
Trenne die Zehen der Knoblauchknolle ab und gebe sie zusammen mit dem Wasser in den Mixer. Püriere auf höchster Stufe. Gieße das Gemisch in die Flasche, verschließe sie und lasse sie über Nacht stehen.

SCHRITT 2:
Schraube den Flaschenverschluss ab, lege das Passiertuch über die Öffnung und befestige es mit dem Gummiring. Gieße die Flüssigkeit in die Sprühflasche, bis sie halb voll ist (der Knoblauch wird im Tuch aufgefangen). Gib die gleiche Menge frisches Wasser hinzu und verschließe die Sprühflasche.

SCHRITT 3:
Sprühe die Ober- und Unterseite der Blätter und die Pflanzenstiele gründlich mit der Mischung ein.

SCHRITT 4:
Wiederhole die Behandlung einmal pro Woche und nach Regen.

Gewürzdusche

Hilft gegen pelzige Vierbeiner.

DU BRAUCHST

- 2 TL Cayennepfeffer
- 1 EL Chilipulver
- 2 TL Senfpulver
- 1 EL Tabasco
- 900 ml warmes Wasser

SO GEHT'S

SCHRITT 1:
Vermische alle Zutaten gründlich und gieße die Flüssigkeit in die Sprühflasche.

SCHRITT 2:
Versprühe die Mischung an den Rändern eures Gartens.

SCHRITT 3:
Wiederhole die Behandlung bei Bedarf nach Regengüssen und nach dem Sprengen.

Backpulverdusche

Hilft gegen Mehltau und andere Pilze.

DU BRAUCHST

- 3 EL Backpulver
- 1 EL biologisch abbaubares Spülmittel
- 900 ml Wasser

SO GEHT'S

SCHRITT 1:
Vermische alle Zutaten und gieße die Flüssigkeit in die Sprühflasche.

SCHRITT 2:
Entferne alle stark befallenen Blätter von der Pflanze.

SCHRITT 3:
Sprühe alle befallenen Teile der Pflanze mit der Mischung ein.

SCHRITT 4:
Wiederhole die Behandlung alle 14 Tage.

EIN HAUS FÜR ALLE

Knoblauch-Zwiebel-Chilidusche

Hilft gegen die Raupen von Kohlweißling, Blattläuse, Flohkäfer und andere Raupen und Insekten.

DU BRAUCHST

- 6 Knoblauchzehen
- 1 Zwiebel, gehackt
- 1 EL Chiliflocken
- 900 ml heißes Wasser
- Mixer
- leere 2-Liter-Flasche mit Verschluss
- 1 TL biologisch abbaubares Spülmittel
- Passiertuch
- Gummiring

SO GEHT'S

SCHRITT 1:

Gib die Knoblauchzehen, die Zwiebelstücke und die Chiliflocken zusammen mit dem heißen Wasser in den Mixer und lass ihn auf höchster Stufe arbeiten, bis alle Zutaten püriert sind. Gieße die Mischung in die 2-Liter-Flasche. Verschließe die Flasche und lasse sie über Nacht stehen.

SCHRITT 2:

Schraube den Flaschenverschluss ab, lege das Passiertuch über die Öffnung und befestige es mit dem Gummiring. Gieße die Flüssigkeit in die Sprühflasche (das Püree wird durch das Tuch zurückgehalten).

SCHRITT 3:

Spritze die Mischung frühmorgens, wenn die Pflanzen noch taufeucht sind, auf die Ober- und Unterseite der Blätter und auf die Stiele.

Milchdusche

Hilft gegen Mehltau und andere Pilze.

DU BRAUCHST
- 2 Tassen (500 ml) Magermilch
- 2 Tassen (500 ml) Wasser

SO GEHT'S

SCHRITT 1:
Vermische die beiden Zutaten und gieße die Flüssigkeit in die Sprühflasche.

SCHRITT 2:
Sprühe alle befallenen Pflanzenteile gut ein.

SCHRITT 3:
Wiederhole die Behandlung dreimal mit wöchentlichem Abstand.

Seifendusche

Hilft gegen Blattläuse, Spinnmilben und Weiße Fliegen.

DU BRAUCHST
- 1 EL biologisch abbaubares Spülmittel
- 900 ml Wasser

SO GEHT'S

SCHRITT 1:
Vermische die beiden Zutaten und gieße die Flüssigkeit in die Sprühflasche.

SCHRITT 2:
Besprühe die Ober- und Unterseite und die Stiele der befallenen Pflanzen.

SCHRITT 3:
Wiederhole die Behandlung bei Bedarf nach Regengüssen und nach dem Sprengen.

EIN HAUS FÜR ALLE

Schlammschlacht

Mauerbienen verschließen ihre Brutzellen mit Schlamm. Dieser darf aber nicht zu trocken oder grobkörnig sein, sonst können die Bienen ihn nicht transportieren. Deshalb sind Kies, Rinde oder Sand ungünstig. Wenn es euer Grundstück erlaubt, suche ein Plätzchen in der Nähe des Bienenstocks, grabe ein Loch und halte es feucht. Es sollte so tief sein, dass du verschiedene Erdschichten erkennen kannst. Mauerbienen mögen am liebsten lehmige Erde, die meist nahe der Oberfläche vorkommt.

Du wohnst in der Stadt und dein Bienenstock hängt am Balkon oder unter dem Dach? Kein Problem! Dann legst du eben ein künstliches Schlammloch an. Nimm eine Schaufel Erde, deren Bestandteile feiner sind als Sand, und fülle sie in einen Eimer. Vermische sie mit etwas Wasser und stelle den Eimer in der Nähe deines Bienenstocks auf. Nun musst du nur noch darauf achten, dass die Erde immer feucht bleibt. Den Rest besorgen die Bienen selbst.

Wasser, bitte!

Bienen brauchen Wasser wie alle Tiere. Lass aber keine offenen Wassergläser in der Nähe des Bienenstocks herumstehen. Denn darin können die Bienen schnell ertrinken. Stelle ihnen lieber eine flache Schale hin, in der das Wasser nur ein paar Zentimeter hoch steht. Und lege ein paar Kiesel, Stöckchen oder Muscheln hinein. Sie sollten etwas aus dem Wasser herausragen. So können die Bienen gut landen und, falls sie ins Wasser fallen, leichter wieder herauskrabbeln.

AKTIVITÄT:
Bienen-Pool

Bienen brauchen einen Ort mit frischem, sauberem Wasser. Dieses Bienenbad ist ganz einfach zu bauen.

DU BRAUCHST

- flache Schale mit Rand
- Kiesel, Stöckchen, Zweige, Steine, Objekte aus Plastik, auf denen Bienen Halt finden
- Wasser

SO GEHT'S

SCHRITT 1:
Suche ein hübsches, schattiges Plätzchen in der Nähe des Bienenstocks, wo du den Bienen-Pool aufstellen kannst.

SCHRITT 2:
Fülle die Schale mit allen möglichen Dingen, die wasserfest sind und den Bienen gute Landemöglichkeiten bieten.

SCHRITT 3:
Gieße Wasser in die Schale. Achte darauf, dass der Wasserstand nicht zu hoch ist. Die Bienen müssen genug „Inseln" finden können, die ihnen Halt geben, während sie trinken.

SCHRITT 4:
Kontrolliere täglich, ob noch genug Wasser in der Schale ist, und fülle bei Bedarf nach. Bienen brauchen jederzeit Wasser.

Schütze dein Bienenhaus

Für viele Tiere ist ein Bienenstock ein echtes Feinschmeckerlokal. Damit deinen Bienen und ihren Larven nichts passiert, solltest du Schutzmaßnahmen treffen. Ihre Feinde sind u. a.:

EICHHÖRNCHEN: Setze den Bienenstock in eine Holzkiste, in deren Vorderseite du ein Loch gebohrt hast. Das Loch sollte so groß sein, dass die Bienen bequem heraus- und hineinkommen, aber so klein, dass kein Eichhörnchen hindurch passt.

VÖGEL: Verkleide die Vorderseite deines Bienenstocks mit Hühnerdraht. Zwischen dem Hühnerdraht und dem Eingang der Röhrchen muss ein Abstand von mind. 5 cm sein. Manche Vögel, etwa Spechte, haben lange Zungen. Weit weg von einer Vogelfutterstelle aufhängen!

Hausmeisterpflichten

Im Jahresverlauf gibt es alles Mögliche, was du für deinen Bienenstock beachten musst. Hier erfährst du, wie du deine Bienen bei Laune hältst.

FRÜHLING: Die Tage werden länger, erste Blättchen sprießen, die Blütenknospen wachsen. Wenn die Temperaturen mehrere Tage lang über die 20 °C-Grenze klettern, ist es soweit: Endlich Frühling! Beobachte die Blüten der Bäume in deiner Umgebung. Sobald sie sich öffnen, sollte dein Bienenstock einzugsbereit sein. Das kann im März sein oder auch erst im Mai. Dann schlüpft die neue Mauerbienengeneration und wird gut fünf bis sechs Wochen lang aktiv sein.

SOMMER: Lange, heiße Tage und kurze, kühlere Nächte kennzeichnen den Sommer. Die Mauerbienen haben ihre Arbeit getan. Sie haben Pollen und Nektar gesammelt, Pflanzen bestäubt und Eier in ihre Brutzellen gelegt. Daraus entwickeln sich jetzt die Larven, die sich dann verpuppen. Sorge dafür, dass ihnen nichts passiert. Schütze den Bienenstock vor Eichhörnchen, Vögeln, räuberischen Insekten und allzu großer Hitze. Wenn die Sonne richtig brennt, braucht dein Bienenstock während der heißesten Tageszeit Schatten.

Die Mauerbienen haben ihre Aufgaben bis zum Sommer schon erledigt. Aber für Blattschneiderbienen fängt die Arbeit jetzt erst an. Sie sind ebenfalls Einzelgänger und legen ihre Eier in Tunnel. Aber anstatt die Brutzellen mit Schlamm zu verschließen, errichten sie Wände aus zerkauten Blättern. Schaue in deinem Bienenstock nach, ob sich dort auch Blattschneiderbienen eingenistet haben. Das wäre doch super!

HERBST UND WINTER: Die Tage werden kürzer, die Temperaturen sinken. Die Puppen in deinem Bienenstock haben sich weiterentwickelt. In jedem Kokon wohnt nun eine ausgewachsene Biene und wartet auf den Frühling. Kälte macht ihnen nichts aus. Sie werden die ganzen Wintermonate über schlafen. Nur der Bienenstock selbst muss vor extremen Witterungseinflüssen geschützt werden. Alles andere kannst du der Natur überlassen.

Manche Imker leeren ihre von Mauerbienen bewohnten Bienenstöcke im Herbst. Sie holen die Röhrchen heraus, schlitzen sie auf und sammeln die Kokons. Die Kokons werden vorsichtig gewaschen, um Pilze, Milben und andere Schädlinge zu entfernen, und dann an einem trockenen, dunklen und geschützten Ort den Winter über gelagert. Zum Beispiel in einer Papiertüte im Kühlschrank. Das ist nicht unbedingt notwendig. Es reicht, wenn du dafür sorgst, dass im nächsten Jahr ein sauberer, voll funktionsfähiger Bienenstock für die neue Mauerbienengeneration bereitsteht. Wenn du die Kokons im Kühlschrank gelagert hast, hole sie heraus, sobald die Temperaturen deutlich über dem Nullpunkt liegen. Deponiere die Tüte in der Nähe des neuen Bienenstocks und reiße ein kleines Loch hinein. Dann können die Bienen herauskrabbeln, wenn sie soweit sind.

BLEIB DRAN: Die Bienen sind wild lebende Insekten, die nicht immer so reagieren, wie du es erwartest. Vielleicht nisten sich im 1. Jahr keine Bienen in deinem Stock ein. Vielleicht werden sie von Vögeln gefressen. Vielleicht schlüpfen sie nicht. Die Natur ist unberechenbar. Mach weiter! Du kannst Mauerbienen auch bei Imkern und im Internet kaufen.

Baustelle

Du möchtest noch mehr Stöcke bauen? Gut! Mauerbienen nisten in allen nur denkbaren Hohlräumen, Hauptsache, es ist dort sauber. Auf den nächsten Seiten siehst du weitere Vorschläge.

EIN HAUS FÜR ALLE

AKTIVITÄT:
Holzhäuschen

So lassen sich alte Holzstücke prima recyceln. Auf Spanplatten und imprägniertes Holz solltest du allerdings verzichten, denn sie sind oft mit schädlichen Chemikalien behandelt. Du kannst das Bienenhaus auch mit einer umweltfreundlichen Farbe streichen.

DU BRAUCHST

- einen erwachsenen Helfer
- Holzblock, mindestens 20 x 20 x 40 cm groß
- flaches Stück Holz für das Dach, mindestens 0,5 cm dick und etwas größer als die Grundfläche des Holzblocks (Wenn dein Holzblock 20 x 20 x 40 cm misst, sollte das Dachbrett mindestens 22,5 x 22,5 x 0,5 cm messen)
- Schraubzwinge
- Bohrmaschine und verschiedene Bohrer mit bis zu 10 mm Durchmesser
- Schmirgelpapier
- Hammer
- 4 Flachkopfnägel, 2,5 cm lang
- stabiler Draht oder Schnur 60–90 cm lang
- evtl. Acrylfarbe (oder andere ungiftige Farbe) und Pinsel

SO GEHT'S

SCHRITT 1:

- Sichere den Holzblock mit einer Schraubzwinge auf der Werkbank.
- Bitte einen Erwachsenen, in die Längsseite des Holzblocks Löcher zu bohren, die mindestens 18 cm tief sind.
- Die Löcher sollten verschiedene Durchmesser und mindestens 2,5 cm Abstand voneinander haben. Sie sollten fast bis zur Rückseite des Holzblocks reichen, diese aber nicht durchbrechen.
- Glätte die Ränder der Bohrlöcher mit Schmirgelpapier.

SCHRITT 2:

- Lege das flache Stück Holz oben so auf den Block, dass es mit dessen Rückwand bündig abschließt, auf den Seiten ein bisschen und vorne ein längeres Stück übersteht. So ist das Dach auch ein Wetterschutz für die Eingänge der Röhrchen.
- Hinten darf das Dach nicht überstehen, damit man den Bienenstock bündig an eine Wand lehnen kann.

SCHRITT 3:

- Nimm den Hammer und befestige das Dach mit den vier Nägeln auf dem Block.
- Achte darauf, dass die Köpfe der Nägel noch etwas aus dem Holz herausragen.

SCHRITT 4:

- Befestige den Draht oder die Schnur an den beiden hinteren Nägeln. So kannst du den Bienenstock aufhängen.

SCHRITT 5:

- Wenn du Lust hast, kannst du deinen Bienenstock farbig streichen.

SCHRITT 6:

- Stelle oder hänge den Bienenstock in Augenhöhe auf. Suche dafür ein sonniges, nach Osten oder Süden offenes Plätzchen.

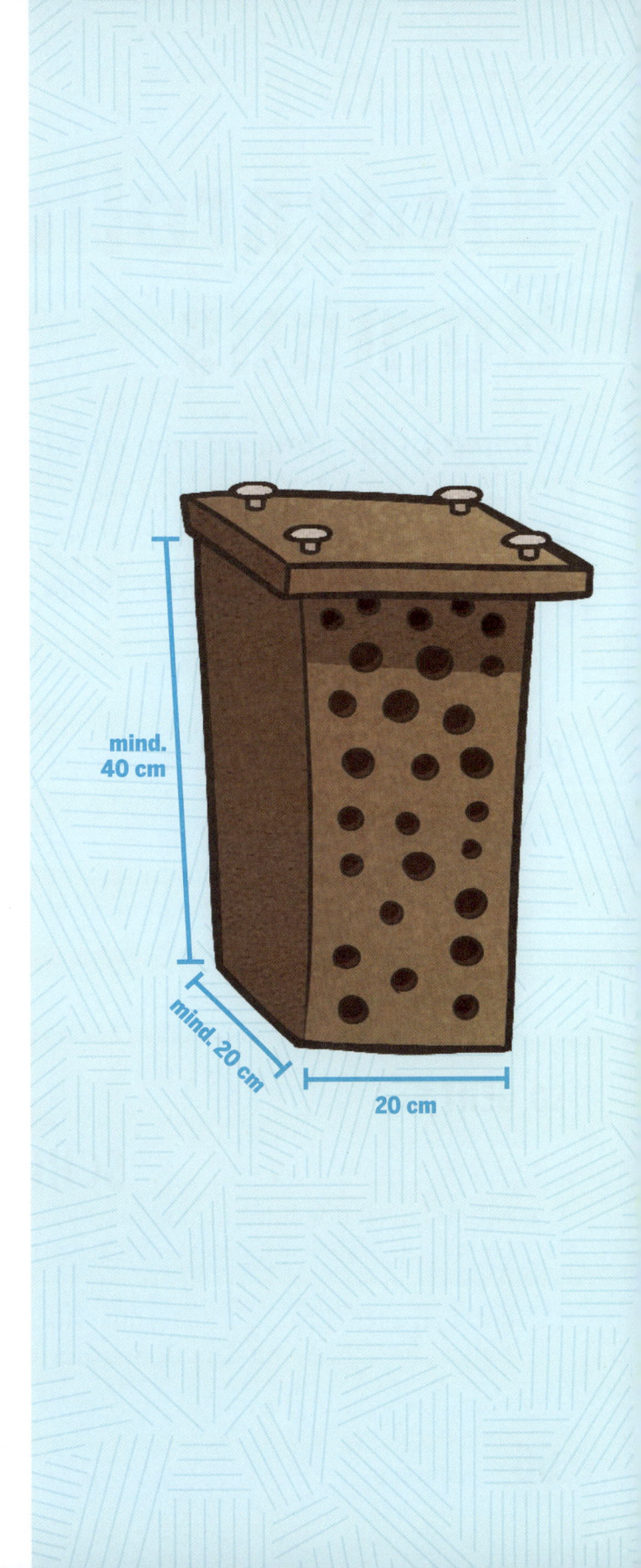

mind. 40 cm
mind. 20 cm
20 cm

AKTIVITÄT:
Bienenrolle aus Bambus

Bambus ist für Mauerbienen ein idealer Nistplatz. Die Wände der hohlen Bambushalme sind hart und wasserfest. Die Halme haben verschiedene Durchmesser. Vielleicht wächst sogar in deinem Garten Bambus? Wenn nicht, kaufe im Gartencenter lange Stäbe und säge sie in Stücke.

DU BRAUCHST

- einen erwachsenen Helfer
- mehrere Bambusstäbe mit einem Innendurchmesser von ca. 6,5 mm
- Lineal
- Filzstift
- Handsäge
- Bohrer
- ca. 1,20 m biegsamer Draht, um die Bambusröhren zu bündeln
- Papier
- Textilklebeband

SO GEHT'S

SCHRITT 1:

- Nimm Lineal und Filzstift und markiere auf den Bambusstäben Abschnitte von 20 cm Länge. Du brauchst mindestens 12 dieser 20-Zentimeter-Stücke.
- Bitte einen Erwachsenen, die Bambusstangen an den markierten Stellen durchzusägen. Überprüfe, dass alle Stücke innen hohl sind. Falls nicht, bitte deinen Helfer, die Röhren mit dem Bohrer durchgängig zu machen.

SCHRITT 2:

- Lege die Bambusröhrchen zu einem Bündel und stoße es an einem Ende auf, so dass die Röhren dort bündig abschließen.
- Lege vorne, in der Mitte und hinten je ein Stück Draht um das Bündel und verdrehe die Drahtenden so miteinander, dass der Draht stramm sitzt und das Bündel gut zusammenhält.

SCHRITT 3:

- Zerknülle etwas Papier zu einem Kügelchen und stecke es als Hinterwand in ein Röhrchen. Wiederhole das für alle restlichen Röhrchen.
- Sichere und versiegele die Hinterwand an allen Röhrchen mit Textilklebeband.

SCHRITT 4:

- Stelle oder hänge den Bienenstock in Augenhöhe auf. Suche dafür ein sonniges, nach Osten oder Süden offenes Plätzchen.

20 cm

AKTIVITÄT: Pflanzenhaus

Viele solitär lebende Bienenarten bevorzugen bestimmte Röhrendurchmesser, deshalb bietet dieser Stock Auswahlmöglichkeiten. Bündele die hohlen, trockenen Stiele von Schilf, Himbeere, Gräsern und anderen Pflanzen – dann ist mit Sicherheit für jede das Passende dabei.

DU BRAUCHST

- hohle, trockene Pflanzenstiele, mindestens 20 cm lang
- Lineal
- Filzstift
- Schere
- Schmirgelpapier
- Schnur
- Pappe
- Stift
- Textilklebeband

SO GEHT'S

SCHRITT 1:

- Nimm Lineal und Filzstift und markiere auf den hohlen Pflanzenstielen Abschnitte von 20 cm Länge. Du brauchst mindestens 20 dieser 20-Zentimeter-Stücke.
- Schneide die Stiele mit der Schere an den markierten Stellen durch. Pass auf, dass an den Schnittstellen keine scharfen Stücke oder Fasern überstehen, an denen sich die Bienen verletzen können.
- Wenn sich die Schnittstellen rau anfühlen, kannst du sie mit Schmirgelpapier glätten.

SCHRITT 2:

- Lege die Röhrchen zu einem Bündel zusammen, dass ungefähr so dick ist wie ein Kaffeebecher.
  - Binde das Bündel mit der Schnur in der Mitte und an beiden Enden zusammen.

SCHRITT 3:

- Stelle das Bündel aufrecht auf die Pappe und fahre mit dem Stift die Umrisse der Standfläche nach.
- Schneide den Umriss aus der Pappe aus und klebe ihn als Hinterwand mit Textilklebeband am Bündel fest.

SCHRITT 4:

- Stecke das Bündel in einen Holzstoß, eine Mauer, unter Backsteine oder in einen liegenden Blumentopf, damit es geschützt ist. Ganz wichtig: Die Stängel dürfen niemals feucht werden, sonst fangen sie an zu schimmeln. Schiebe das Bündel tief genug hinein, dann sind auch die Röhrchenöffnungen sicher vor Regen, Wind und Schnee.
- Ersetze die Röhrchen alle ein bis zwei Jahre.

AKTIVITÄT:
Flaschenhaus

Alte Plastikflaschen können zu einem schicken Bienenhaus recycelt werden. Dazu brauchst du nur noch ein paar Trinkhalme aus Stroh oder Papier (oder selbstgebastelte Papierröhrchen).

DU BRAUCHST

- einen erwachsenen Helfer
- Plastikflasche (1 bis 2 Liter Inhalt)
- Schere
- Trinkhalme aus Stroh oder Papier (oder du stellst mithilfe eines dünnen Stiftes selbst Papierröhrchen her), Menge je nach Größe der Flasche
- Schere
- ein Knäuel Wolle – oder einen alten Wollpulli zum Aufribbeln
- Stift
- ein pflaumengroßes Stück lufttrocknende Modelliermasse (Bastelbedarf) oder Lehm
- Textilklebeband
- Schnur oder Draht

SO GEHT'S

SCHRITT 1:

- Bitte deinen Helfer, den oberen Teil der Plastikflasche an der Stelle abzuschneiden, wo sie sich zum Hals verengt.

SCHRITT 2:

- Lege die Halme oder Röhrchen zu einem Bündel und umwickle es gut mit Wollfaden.
- Das ganze Bündel sollte von einer 0,5–1,5 cm dicken Wollschicht umhüllt sein. Wenn du kein Wollknäuel hast, kannst du einen alten Wollpullover aufribbeln oder ihn in Streifen schneiden und das Bündel darin einwickeln.

SCHRITT 3:
- Drücke das Stück Modelliermasse oder Lehm innen gegen den Flaschenboden und breite es etwas aus.

SCHRITT 4:
- Drücke das Röhrchenbündel fest in die Masse.

SCHRITT 5:
- Stelle oder hänge den Bienenstock in Augenhöhe auf. Suche dafür ein sonniges, nach Osten oder Süden offenes Plätzchen.

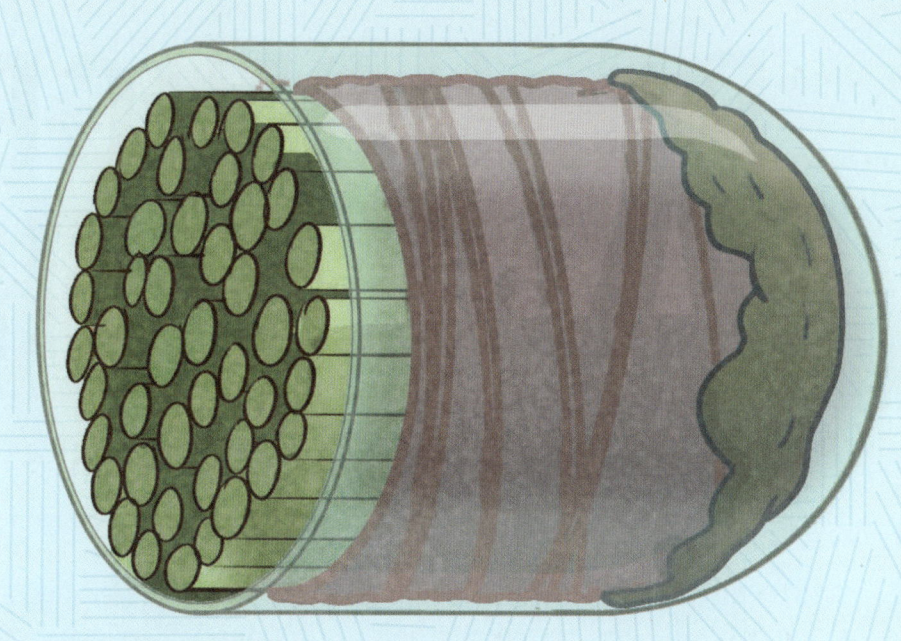

Für Forscher

Bastele zwei Plastikflaschen-Bienenstöcke und male sie an. Gib dem einen eine helle, dem anderen eine dunkle Farbe. Platziere sie an ähnlichen Orten, aber nicht zu nahe beieinander. Beobachte, ob die Mauerbienen einen von beiden bevorzugen.

KAPITEL 6
DIE HONIGBIENE STELLT SICH VOR

Anders als solitär lebende Bienen sind Honigbienen geradezu süchtig nach Gesellschaft. Sie leben als Volk, das aus einer Königin und deren Kindern besteht. Alle arbeiten gemeinsam für das Wohl des Volkes. Dabei hat jeder seine Aufgabe. Ein Volk von Honigbienen ist fast wie ein lebender Organismus, in dem sich alles perfekt zu einem Ganzen fügt.

Familienverhältnisse

In der Honigbienen-Gesellschaft gibt es drei Klassen: Arbeiterinnen, Drohnen und die Königin. Jede Biene erfüllt ihre Pflichten – wie in einem gut funktionierenden Stadtteil oder Dorf.

Arbeiterbienen sind alle weiblich und unablässig damit beschäftigt, Waben zu bauen, sie sauber zu halten, den Stock zu schützen, Nektar und Pollen zu sammeln, den Nachwuchs aufzuziehen und dafür zu sorgen, dass die Königin alles hat, was sie braucht.

Drohnen sind männliche Bienen. Sie haben nur eine Aufgabe: sich mit der Königin zu paaren. Sobald sie das erledigt haben, fallen sie zu Boden und sterben.

Die Königin ist deutlich größer als alle anderen Bienen. Sie allein legt die Eier – ungefähr 2000 pro Tag. Die meisten Bienen werden nicht einmal ein Jahr alt. Ein Königinnenleben dagegen kann bis zu fünf Jahre dauern. Aber die Königin ist nicht unantastbar. Wenn sie nicht genug Eier legt, wird sie vom Volk verstoßen und durch eine neue Königin ersetzt.

ARBEITERIN

DROHNE

KÖNIGIN

Zuhause ist es am schönsten

Die Stöcke und Nester der Honigbienen bestehen aus Reihen sechseckiger Zellen, die sich zu einer Wabe zusammenfügen. Der Baustoff für diese Waben ist Wachs. Um es herzustellen, fressen die Arbeiterinnen Unmengen von Honig. Er wird in ihrem Körper umgewandelt. Durch Drüsen am Hinterleib wird das Wachs in Form von winzigen Schuppen herausgepresst, die schnell erhärten. Diese Schuppen zerkaut die Biene gründlich. Durch die Vermischung mit Speichel entsteht eine elastische Masse, mit der sie die Zellwände um sich herum baut.

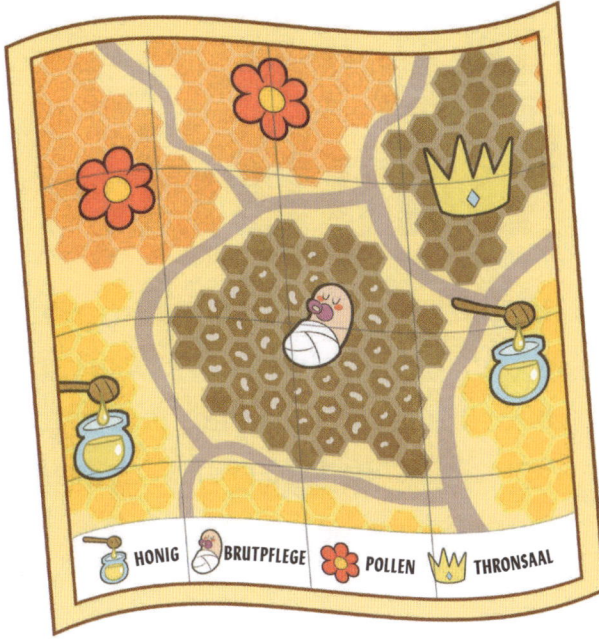

Wenn du eine Honigwabe genauer betrachtest, wirst du feststellen, dass alle Zellen genau gleich aussehen: sechseckig und gerade so groß, dass eine Biene hineinpasst. Das ist kein Zufall. Die Bienen brauchen rund 3 kg Honig, um 500 g Wachs herzustellen. Deshalb gehen sie sparsam mit dem Wachs um. Sie haben das Sechseck als optimale Form gefunden, um mit minimalem Materialeinsatz ein Maximum an Raum zu schaffen. Wären die Zellen rund, entstünde zwischen den Zellen viel verlorener Raum. Dreieckige Zellen könnten sie zwar nahtlos aneinanderreihen, dafür wäre der Wachsverbrauch größer.

Der Inhalt der Zellen variiert je nach deren Lage im Bienenstock. In seinem Herzen haben die Brutzellen ihren Platz. Darin werden die Eier abgelegt. Um die Brutzellen herum liegen die mit Honig gefüllten Vorratszellen. Die Zellen in Richtung Wabenrand enthalten Pollen. Diese Verteilung der Zellen nennt man *Nestordnung*. Imker können anhand der Nestordnung erkennen, ob ihr Volk gesund ist.

EXPERIMENT:
Magisches Sechseck

Bienen gehören zu den erstaunlichsten Baumeistern der Natur. Ihre Nester bestehen aus Strukturen, die bei minimalem Materialeinsatz maximalen Raum bieten. Bastele dir eine Wabe. Du wirst feststellen, warum Sechsecke einfach genial sind.

DU BRAUCHST

- 2 Pappröhren (von Küchenrollen)
- Lineal
- Stift
- Schere
- Klebstoff
- Büroklammern
- Farbspray (falls gewünscht)

SO GEHT'S

SCHRITT 1:
Bastele deine Zellen.

- Drücke die beiden Pappröhren vorsichtig flach. Lege das Lineal an eine Schmalseite und markiere mit dem Stift drei gleichlange Abschnitte, jeweils ca. 2 cm lang. Wiederhole den Vorgang an der anderen Schmalseite.

- Nimm Lineal und Stift und verbinde die Markierungen an beiden Ende durch zwei senkrechte Linien.

- Nun machst du das Gleiche mit den beiden Längsseiten: Markiere 2-cm-Abschnitte und verbinde sie. Am Ende sollte die ganze Oberseite der Papprolle von einem Raster überzogen sein.

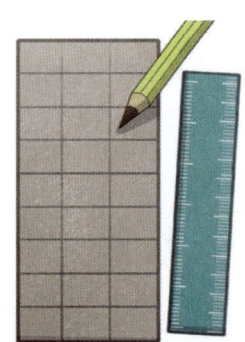

- Schneide die Papprolle mit der Schere entlang der Querlinien in Streifen. Alle sind gleich breit (ca. 2 cm) und erinnern im Aussehen an einen amerikanischen Football. Wiederhole den Vorgang mit der zweiten Papprolle.

SCHRITT 2:
Füge die Zellen zusammen.

- Nimm ein paar Streifen und drücke sie zu Ringen auseinander. Lege die Ringe aneinander, als wolltest du eine Wabe bauen. Was fällt dir auf?

- Drücke die Ringe wieder zu Streifen platt und falte diese entlang der Linien wie ein „Z". Drücke die Falze schön fest.

- Ziehe die Ringe zu Sechsecken auseinander. (Manche Falze musst du in die Gegenrichtung drücken.) Lege die Sechsecke aneinander, als wolltest du eine Wabe bauen. Was fällt dir auf, wenn du dieses Gefüge mit dem der Ringe vergleichst?

- Klebe die Sechsecke aneinander. Sichere die Klebeflächen mit Büroklammern und lasse alles über Nacht trocknen. Du kannst deine Wabe mit Farbe einsprühen, trocknen lassen und als Dekoration aufhängen.

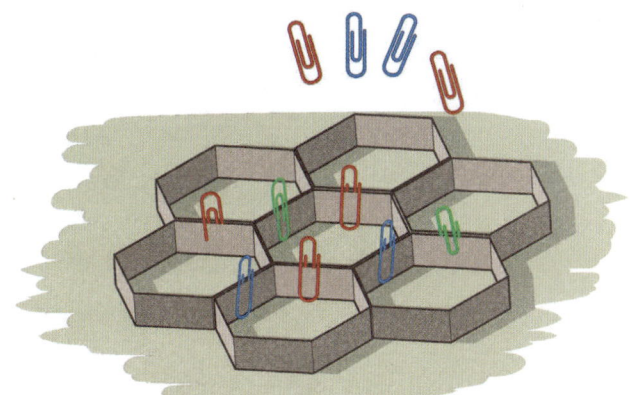

WAS PASSIERT DA?

Wenn du die Kreise aneinanderlegst, bleiben große Zwischenräume. Die Sechsecke dagegen fügen sich nahtlos aneinander. Das Verhältnis von verbrauchtem Material und gewonnenem Raum ist optimal.

Alle Macht dem Volk

Die Bienen eines Volks sind aufeinander angewiesen. Jede ist für bestimmte Dinge zuständig. Arbeiterinnen arbeiten erst als Stockbienen, dann als Flugbienen. Sie haben diese Aufgaben:

FLUGBIENEN verlassen das Nest, um es zu verteidigen oder um Futter zu sammeln.

NESTBIENEN bleiben zu Hause, produzieren Wachs, bauen Waben, verwandeln Pollen in Honig, halten das Nest sauber und sorgen dafür, dass es nicht zu heiß wird.

ZOFE
Sie weicht der Königin nicht von der Seite und sorgt dafür, dass sie satt, sauber, warm, trocken und gesund bleibt, um Eier legen zu können.

BELÜFTERIN
Sie lässt ihre Flügel wirbeln, um die Königin zu erfrischen, die Brut in den heißen Monaten kühl zu halten, Wasser im Honig zum Verdunsten zu bringen, damit er die richtige Konsistenz bekommt, und um das Nest trocken und perfekt temperiert zu halten.

WÄCHTERIN

Sie bildet die erste Verteidigungslinie des Bienenstocks, hält Wache, warnt das Volk vor Gefahren und greift Eindringlinge an.

SAMMLERIN
Sie folgt den Anweisungen der Kundschafterin, fliegt zu den Blüten und sammelt Nektar und Pollen. Den Nektar transportiert sie in der Honigblase, den Pollen in den Körbchen an den Hinterbeinen. Beides übergibt sie im Nest den Stockbienen. Auch das Wasserholen gehört zu ihren Aufgaben.

AMMEN-BIENE
Sie kümmert sich um die Aufzucht der Brut, vom Ei über die Larve bis hin zur fertigen Biene.

BESTATTERIN
Sie hält den Bienenstock sauber. Die Körper toter Bienen werden von ihr eingesammelt, um Infektionen vorzubeugen. Sie schleppt die Leichen zum Ausgang und wirft sie aus dem Nest.

KUNDSCHAFTERIN
Sie kundschaftet die Umgebung aus, sucht nach Futterquellen und Wasser. Dann fliegt sie zurück zum Nest und erstattet Bericht.

Das Leben einer Arbeiterin

Die Aufgaben der Arbeiterinnen wechseln mit dem Alter. Von der Geburt bis zum 21. Lebenstag arbeiten sie im Stock. Zuerst halten sie das Nest sauber und warm. Nach ein paar Tagen werden sie als Ammenbienen eingesetzt, zunächst für die älteren Larven, dann für die „Babys". Zwei Wochen später übernehmen sie weitere Aufgaben im Stock. Mit drei Wochen beginnen sie mit ersten Ausflügen. Nachdem sie eine Zeit lang als Wächterinnen beschäftigt waren, verbringen sie den Rest ihrer Tage als Sammlerinnen. Insgesamt leben Arbeiterinnen rund 6 Wochen. Da ständig neue Bienen schlüpfen, stehen für alle Aufgaben stets genug Arbeiterinnen bereit.

Wie entsteht eine Honigbiene?

Jede Honigbiene entsteht aus einem Ei. Aus befruchteten Eiern entwickeln sich weibliche Bienen, meist Arbeiterinnen. Unter bestimmten Voraussetzungen können sie auch zu Königinnen heranwachsen. Unbefruchtete Eier werden zu männlichen Bienen (Drohnen). Jedes Ei liegt in einer eigenen Brutzelle.

Nach rund drei Tagen verwandelt sich das Ei in eine Larve. Alle Larven bekommen das gleiche Futter. Die dafür zuständigen Ammenbienen haben Drüsen am Kopf, mit denen sie aus Pollen einen Futtersaft produzieren. Damit sprühen sie die Larven ein. Nach ein paar Tagen werden sie mit einem Brei aus Pollen und Honig gefüttert. Larven, aus denen eine Königin werden soll, bekommen eine Spezialnahrung.

Die Larve der künftigen Königin (Weisel) bekommt nur Futtersaft, sogenanntes Gelée royale (Königsgelee). So wächst sie schneller und wird größer als die anderen Bienen.

Irgendwann wird die Larve zu groß für die Hülle und häutet sich. Die Larve wächst weiter und häutet sich mehrmals. Nach der vierten Häutung verschließt die Ammenbiene die Brutzelle mit Wachs.

Die Larve in der Zelle beginnt sich in einen Kokon einzuspinnen. Sie ist jetzt eine Puppe. In ihrem Kokon wächst die Puppe zu einer Biene heran. Der ganze Prozess dauert bei Arbeiterinnen ungefähr zehn, bei Königinnen sechs Tage. Dann schlüpft die ausgewachsene Biene und frisst sich durch die Zellwand. Sie entfaltet ihre Flügel und ist einsatzbereit.

Ein Jahr im Leben eines Honigbienenvolks

In einem Honigbienennest ist das ganze Jahr über etwas los. Hier ist eine Übersicht:

Herbst und Winter

Wenn die kalte Jahreszeit kommt, rücken die Bienen im Nest zusammen. In diesen Monaten kommt so gut wie kein Futternachschub von draußen, und die meisten älteren Bienen sterben. Die jungen, gesunden Arbeiterinnen umringen die Königin, halten sie warm und füttern sie mit Honig aus dem Vorrat. Sie drängen sich so eng aneinander, dass eine Kugel entsteht, die sogenannte Wintertraube. In ihrem Inneren bleibt es kuschelige 30 °C warm.

Die Arbeiterinnen erzeugen Hitze, indem sie zittern. Dafür koppeln sie ihre Flügel von den Flugmuskeln ab, damit sie nicht ins Rotieren geraten, und lassen die Muskeln vibrieren. Durch die Bewegung entsteht Wärme. Um die Temperatur auf diese Weise konstant zu halten, brauchen die Arbeiterinnen viel Energie, also viel Honig. Die Bienen, die in der Wintertraube außen sitzen, können leicht zu den Honigwaben gelangen und sich dort stärken. Dann wandern sie zur Traube zurück und schlängeln sich nach innen, damit andere Bienen in die Außenposition kommen und Zugang zum Futter haben. Auf diese Weise muss keine Biene Hunger leiden oder frieren.

Frühling

Wenn es wieder wärmer wird, beginnt die Königin mit der Eiablage. Zu Anfang werden alle befruchtet, und es entwickeln sich nur Arbeiterinnen. Sie werden jetzt dringend gebraucht, damit das Volk überlebt. Sobald der Bestand gesichert ist, werden auch Drohnen aufgezogen.

So ein Bienenvolk wächst rasend schnell. Es kann bis zu 50 000 Mitglieder haben. Wenn es im Bienenstock zu eng wird, ziehen die Arbeiterinnen eine neue Königin heran. Ein ganz normales Ei, aus dem eigentlich eine Arbeiterin entstehen würde, wird in eine Weiselzelle gesetzt und mit Gelée royale gefüttert. Da jedes Volk nur eine Königin haben kann, wird es sich nun teilen.

Kurz bevor die neue Königin schlüpft, verlässt die alte Königin den Stock, gefolgt von rund zwei Drittel ihrer Bienen. Das nennt man „schwärmen". Der Schwarm lässt sich in einem Baum in der Nähe nieder und schickt Kundschafterinnen aus, die nach einem neuen Nistplatz suchen. Wenn sie einen gefunden haben, zieht der ganze Schwarm geschlossen dorthin und beginnt ein neues Nest zu bauen, Futter zu sammeln, Waben anzulegen und Honig zu produzieren. Und die Königin macht sich sofort daran, Eier zu legen.

Im alten Bienenstock warten die Arbeiterinnen auf das Schlüpfen der neuen Königin. Sobald diese aus ihrer Zelle geklettert ist, durchsucht sie das Nest nach Konkurrentinnen. Sollten noch weitere Königinnen schlüpfen, entbrennt ein Kampf auf Leben und Tod. Die Siegerin macht sich auf den Hochzeitsflug und paart sich mit den Drohnen. Die Drohnen sterben, und die Königin kehrt in den Stock zurück. Nach zwei, drei Tagen beginnt die neue Königin mit der Eiablage.

Sommer

Die langen, warmen Tage verbringen die Bienen mit Futtersammeln und der Produktion von Honig als Vorrat für den Winter. Aber unabhängig davon, wie heiß es draußen wird, herrscht im Bienenstock eine konstante Temperatur von 35 °C.

Beim ersten Anzeichen einer möglichen Überhitzung werden die Wassersammlerinnen gerufen. Die anderen Bienen stecken ihnen die Zunge ins Maul und teilen ihnen auf diese Weise mit, dass Wasser gebraucht wird. Die Wassersammlerinnen fliegen aus und sammeln das kostbare Nass in ihrer Honigblase. Zurück im Stock übergeben sie es den Arbeiterinnen, die die heißesten Zonen des Nests mit dem Wasser besprühen und so kühlen. Die Belüfterinnen wandern nun in Richtung Ausgang und beginnen mit den Flügeln zu fächeln. Dadurch verdunstet das Wasser, und die heiße, feuchte Luft zieht nach draußen ab. Das Nest bleibt schön trocken und kühl.

Wenn sich langsam der Herbst ankündigt, beginnen die Bienen mit den Vorbereitungen für den Winter. Sie müssen ausreichend Honigvorräte anlegen, um die kommenden Monate zu überleben. Nach und nach sterben die älteren Bienen. Die Jüngeren sammeln sich um ihre Königin, um sie zu wärmen und mit Futter zu versorgen. Und so beginnt der gesamte Kreislauf von vorne.

EXPERIMENT:
Immer schön fächeln

Schnelles Flügelschlagen trägt dazu bei, dass Wasser rascher verdunstet und sich die Umgebung abkühlt. Mit diesem Experiment siehst du, wie sich Temperatur beeinflussen lässt.

DU BRAUCHST

- einen aufgeheizten Gehweg
- Messbecher
- Wasser
- Kreide
- Papierfächer

SO GEHT'S

SCHRITT 1:
Suche an einem heißen, sonnigen Tag einen Gehweg-Abschnitt, wo du dieses Experiment ungestört durchführen kannst.

SCHRITT 2:
Gieße im Abstand von einem Meter je 60 ml Wasser vorsichtig auf den Gehweg, sodass zwei Pfützen entstehen. Warte, bis sich das Wasser verteilt hat, und markiere dann die Umrisse der beiden Pfützen mit Kreide.

SCHRITT 3:
Lass die eine Pfütze in Ruhe und bewege den Fächer über der anderen Pfütze schnell hin und her. Verdunstet sie schneller? Fühle mit der Hand den Gehsteig. Wo ist er kälter?

WAS PASSIERT DA?

Wenn die Bienen Wasser in den Bienenstock bringen und mit den Flügeln zu fächeln beginnen, verdunstet es schneller und entzieht dabei der Umgebung Wärme. Du hast genau das Gleiche getan. Deine Fächerbewegungen haben das Verdunsten des Wassers beschleunigt und dadurch eine Abkühlung des Gehwegs bewirkt.

Was der Hüftschwung erzählt

Entdeckt eine Kundschafterin einen Platz mit vielen Blüten, fliegt sie pfeilschnell nach Hause und erstattet Bericht. Aber wie verständigen sich Bienen eigentlich? Bienen führen zwei verschiedene Tänze auf, um sich mitzuteilen. Mit dem Rundtanz verrät die Kundschafterin ihren Kolleginnen, dass es Blüten in der näheren Umgebung gibt. Sie bewegt sich im Kreis und summt laut, um auf sich aufmerksam zu machen. Je stärker sie summt, desto ergiebiger ist die Futterquelle. Die anderen Bienen kommen näher und riechen den Duft der betreffenden Blüte. Damit haben sie genug Informationen, um die Futterstelle zu finden. Die ersten Sammlerinnen schwärmen aus. Sobald sie fündig geworden sind, kommen sie zurück und führen ihrerseits den Rundtanz auf, um weitere Bienen zu mobilisieren. Je wilder sie tanzen, desto lohnender sind die Blüten.

Für kompliziertere Wegbeschreibungen gibt es den Schwänzeltanz. Er hat die Form einer 8. Die Biene beschreibt einen Bogen, beginnt dann mit dem Hinterteil zu wackeln, bewegt sich schlängelnd zum Ausganspunkt zurück und beginnt einen zweiten Bogen in entgegengesetzter Richtung.

So erfahren die anderen Bienen drei Dinge: Der Duft, den die Kundschafterin verbreitet, verrät die Art der Blüten. Die Bögen zeigen die Richtung an, in der die Blüten im Verhältnis zur Sonne liegen. Bewegt sie sich geradeaus, liegen die Blüten in der gleichen Richtung wie die Sonne. Bewegt sie sich von der Sonne weg, liegen die Blüten in entgegengesetzter Richtung. Biegt sie nach links oder rechts ab, liegen sie links bzw. rechts von der Sonne. Und die Entfernung der Blüten kann man daran ablesen, wie lange der Mittelteil der Tanzfigur dauert. Je heftiger die Biene mit dem Hinterteil wackelt, desto länger braucht sie und desto weiter weg sind die Blüten. Dabei ist sie äußerst präzise: Dauert der Hüftschwung eine halbe Sekunde lang, liegt die Futterquelle genau einen halben Kilometer entfernt.

AKTIVITÄT:
Tanz wie eine Biene

Dieses Spiel wird dich ganz schön in Schwung bringen! Aber werden die anderen auch verstehen, wo die Blumen sind?

DU BRAUCHST

- Kreide
- Gehweg in einer ruhigen Gegend
- mindestens zwei Mitspieler
- eine „Blume" (irgendein Gegenstand, z. B. Stöckchen oder Socke)

SO GEHT'S

SCHRITT 1:
Spielaufbau

- Zeichne mit der Kreide einen großen Kreis (mindestens 2 m Durchmesser) auf den Gehweg. Das ist der Bienenstock.
- Zeichne in den großen Kreis einen kleineren Kreis (ungefähr so groß wie ein Hula-Hoop-Reifen). Er ist der Kompass, den die Kundschafterin benutzt, um die Richtung zu bestimmen. Stelle ihn dir wie ein Zifferblatt vor:
  - Bei 12 Uhr zeichnest du eine SONNE.
  - Bei 3 Uhr zeichnest du ein O für OSTEN.
  - Bei 6 Uhr zeichnest du ein S für SÜDEN.
  - Bei 9 Uhr zeichnest du ein W für WESTEN.

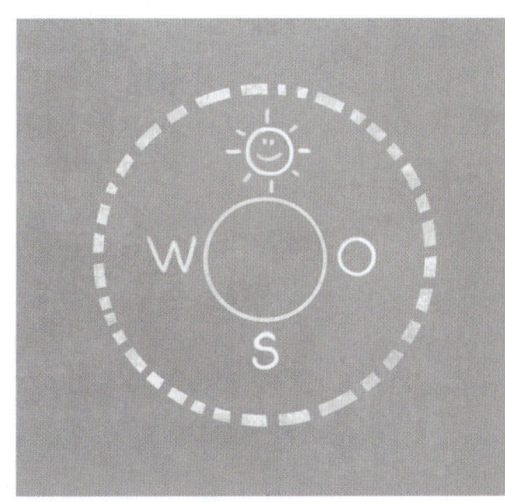

DIE HONIGBIENE STELLT SICH VOR

SCHRITT 2:
Los geht's!

- Bestimme eine „Kundschafterin".
- Alle anderen „Bienen" schließen die Augen.
- Die Kundschafterin versteckt die „Blume".
- Die „Bienen" öffnen die Augen.
- Die „Kundschafterin" beginnt im Zentrum des Kompasskreises ihren Schwänzeltanz, um die Richtung im Verhältnis zur Sonne anzuzeigen.
  - Sie geht hüftwackelnd in die Richtung der Blume.
  - Am Kompassrand biegt sie rechts ab und geht im Bogen wieder zurück zum Ausgangspunkt. Sie schwänzelt wieder in Blumenrichtung bis zum Kompasskreis und biegt dieses Mal links ab, um im Bogen zum Ausgangspunkt zurückzukehren.
  - Die Geschwindigkeit, mit der sie die Schwänzelstrecke zurücklegt, gibt die Entfernung zur „Blume" an. Je stärker sie mit dem Po wackelt, desto länger braucht sie und desto weiter liegt die Blume entfernt. Schwänzelt sie nur wenig, ist die Blume ganz nah.
  - Die „Bienen" suchen die Blume. Wer sie findet, wird nächste „Kundschafterin".

Lasst Düfte sprechen

Honigbienen sind Kommunikationskünstler. Manche Informationen werden durch Tanzen vermittelt. Manchmal verströmen sie auch starke Düfte, um sich Dinge zu erzählen etwa „Der Königin geht es gut!" oder „Ein Feind greift unser Nest an!" oder „Das hier scheint ein gemütliches, neues Heim zu sein!" Im Inneren des Bienenstocks funktioniert so ein Duftsignal hervorragend. Alle Bienen erschnuppern es gleichzeitig – das ist genauso effektiv wie eine Nachricht im Gruppenchat.

Wie entsteht Honig?

Honig schmeckt sehr lecker. Hoffentlich magst du ihn auch noch, wenn du erfährst, wie er entsteht!

Zuerst fegt die Sammlerin Pollen in die körbchenähnlichen Behälter an ihren Hinterbeinen. Dann steckt sie ihren langen Rüssel tief in den Blütenkelch, bis sie auf Nektar stößt. Den saugt sie auf und schluckt ihn hinunter. Er landet in einem speziellen Teil ihres Magens, der Honigblase. Sogenannte Enzyme spalten den Nektar in Einfachzucker auf.

Wenn die Biene rund 100 Blüten abgegrast hat und ihre Körbchen und die Honigblase prall gefüllt sind mit Pollen und Nektar, fliegt sie zurück zum Stock. Dort wird sie schon von einer Stockbiene mit weit aufgerissenem Maul erwartet. Die Sammlerin würgt den Nektar aus ihrer Honigblase herauf und spuckt ihn in das Maul der Stockbiene. Die Stockbiene kaut den Nektar gut durch und presst dabei das darin enthaltene Wasser heraus. Den konzentrierten Nektar, eine Art Zuckersirup, spuckt sie in eine Vorratszelle. Dort lagert er, bis er die richtige Konsistenz hat. Dann wird die Zelle mit Wachs verdeckt. Der Honig ist fertig und steht als Vorrat bereit.

Warum kristallisiert Honig?

Die Hauptbestandteile von Honig sind Wasser und Zucker. Ist der Wasseranteil sehr gering, bildet der Zucker Kristalle. In naturbelassenem Honig, der noch Spuren von Wachs und Pollen enthält, bilden sich die Zuckerkristalle um diese Partikel herum. Auch Biohonig, der nicht erhitzt und gefiltert wurde wie konventioneller Honig, kristallisiert leicht aus. Wird Honig in sauberen, luftdichten Gläsern und bei Temperaturen nicht unter 25 °C aufbewahrt, ist die Gefahr der Auskristallisierung gering. Wenn er es aber dennoch tut, ist das kein Drama. Stelle das verschlossene Glas einfach in einen Topf mit warmem Wasser. Der Honig wird sich langsam erwärmen und die Zuckerkristalle lösen sich dabei auf.

In Honig steckt harte Arbeit

Nicht umsonst heißt es: „Du bist fleißig wie eine Biene." Eine Arbeiterin, die nach ihrer Zeit als Stockbiene zur Sammlerin wird, schleppt unermüdlich Pollen und Nektar heran. Tut sie das bis ans Ende ihrer Tage, kann sie stolze 1,5 Teelöffel Honig vorweisen. Ein 500-Gramm-Glas Honig enthält die Lebensleistung von rund 768 Bienen.

= 6 Bienen

500-g-Glas Honig

EXPERIMENT:
Honig ist Medizin

Hat Honig heilende Wirkung? Finde heraus, was passiert, wenn du einen Apfelschnitz in Honig tauchst, anstatt ihn einfach herumliegen zu lassen.

DU BRAUCHST

- einen erwachsenen Helfer
- Apfel
- Messer
- 3 Tellerchen
- Honig (wenn möglich Bio-Qualität)
- Wasser

SO GEHT'S

SCHRITT 1:

Lass dir von einem Erwachsenen dabei helfen, einen Apfel in drei gleiche Schnitze zu teilen. Lege einen Schnitz auf jedes Tellerchen.

SCHRITT 2:

Stelle einen Schnitz so, wie er ist, zur Seite. Überziehe den zweiten Schnitz mit Honig. Den dritten Schnitz bedeckst du mit Wasser.

SCHRITT 3:

Warte ab und beobachte: Was verändert sich in den nächsten paar Tagen?

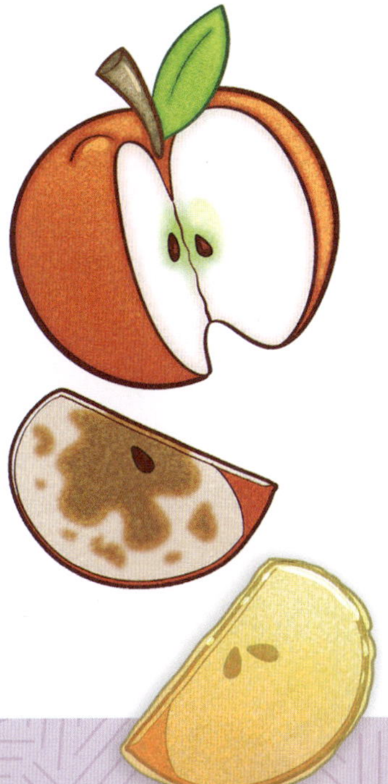

WAS PASSIERT DA?

Honig hat antibakterielle Eigenschaften. Das bedeutet: Er tötet die mikroskopisch kleinen Tierchen ab, die den Apfel befallen und zersetzen. Der Zuckeranteil im Honig ist so hoch und der Wassergehalt so gering, dass die Mikroorganismen darin nicht überleben können. Und ohne Mikroorganismen kein Zersetzungsprozess. Deshalb ist Honig ein hervorragendes Konservierungsmittel. In einem luftdichten Glas und kühl gelagert hält sich Honig praktisch ewig.

Sicherheitsmaßnahmen

Die Waben eines Bienenstocks beherbergen große Schätze. Alle Arbeiterinnen sind stets darauf bedacht, den Honig, die Larven und die Königin zu schützen, und haben dafür entsprechende Strategien entwickelt. Denn es gibt unzählige Feinde: Bakterien, Viren, Milben, Pilze, Insekten, ganz zu schweigen von Vögeln, Bären und eben auch Menschen.

Winzige Plagegeister

Mikroben oder Mikroorganismen sind so klein, dass man sie mit bloßem Auge nicht erkennen kann. Zu ihnen zählen Bakterien, Viren, Schimmel- und andere Pilze. Diese Lebewesen kommen immer und überall vor. Doch wenn sie gehäuft auftreten, können sie Krankheiten auslösen. Bienen haben eine Strategie entwickelt, um sich gegen Mikroorganismen zu schützen. Noch bevor das Nest fertig gebaut ist, überziehen sie den Innenraum mit Propolis. Das ist eine gut durchgekaute Mischung aus Speichel, Pollen, Wachs, Honig, Baumharz und Stücken von Knospen und Rinde. Diese „Wandfarbe" ist eine wirksame Schutzschicht gegen Mikroben.

Betreten verboten

Auch gegen größere Eindringlinge haben sich die Bienen etwas einfallen lassen. Alle Bienen eines Volks haben denselben, typischen Geruch. Kommt ein Fremdling in das Nest, riecht das die Wächterbiene sofort und kann ihn mit einem raschen Stich unschädlich machen.

Ein Stich fürs Leben

Bienenstiche tun ganz schön weh. Erst rammt die Biene ihren Stachel in die Haut des Eindringlings, dann spritzt sie eine Dosis Gift in die Wunde. Das Gift beschleunigt den Blutfluss und verursacht eine juckende Schwellung. Das ist Absicht. Denn durch den erhöhten Herzschlag und das Reiben an der Einstichstelle wird das Gift schnell im ganzen Körper verteilt. Aber eine Arbeiterin muss schon wirklich verzweifelt sein, bevor sie sticht. Denn ihr Stachel ist mit Widerhaken besetzt und bleibt stecken. Beim Davonfliegen reißt der Stachelapparat von ihrem Körper ab und an dieser Verletzung stirbt die Biene.

Feuerball

Manchem Eindringling heizen Bienen regelrecht ein: Wenn eine Wächterin Alarm schlägt, wird der Feind von Bienen umringt, die ihre Körpertemperatur durch Muskelbewegungen auf 37,8 °C anheben. Wespen und ähnliche Insekten können so eine hohe Temperatur nicht ertragen. Sie werden im Inneren der dichten Bienentraube sozusagen gegrillt und sterben. Diese Methode nennt man „Thermo-Balling".

Attacke!

Ist ein größerer Feind im Anmarsch, der den Bienenstock zerstören könnte, senden die Bienen ein chemisches Alarmsignal an ihre Kolleginnen. Alle Arbeiterinnen schließen sich zu einer Wolke zusammen, summen drohend und greifen gemeinsam an.

Denk immer daran: Bienen wollen dich nicht töten. Bienengift soll dir nur Schmerzen verursachen. Denn Bienen stechen zur Verteidigung und sagen damit ganz deutlich: „FINGER WEG VON UNSEREM NEST!"

Imkerei

Seit ewigen Zeiten werden Honigbienen als Nutztiere in Bienenstöcken gehalten. Menschen bauten Nester aus Korbgeflecht, hohlen Aststücken oder Lehm. Darin siedelten sie einen Schwarm Wildbienen an, die ihre Waben bauten. Die Menschen konnten den Honig dann ernten.

Die heutigen Bienenkästen aus Holz, Beuten genannt, kamen im 19. Jahrhundert auf. In den Kästen hängen Rähmchen, in welche die Bienen ihre Waben bauen. Am Kastenboden dient ein schmaler Schlitz als Eingang. Manche Imker schieben ein Absperrgitter ein, damit die deutlich größere Königin nicht in den Honigraum kommt. So bleibt sie immer im Brutraum, während die kleineren Arbeiterinnen zu den anderen Rähmchen krabbeln können, um die Waben mit Honig zu füllen. Die Rähmchen lassen sich ganz einfach zur Honigernte herausnehmen und durch leere Rähmchen ersetzen, in denen die Bienen neue Waben bauen.

Schick in Schale

Imker tragen einen Schutzanzug mit einem Hut, ein Netz schützt ihr Gesicht. Bei der Arbeit benutzen sie einen „Smoker". Darin wird Rauch erzeugt, der die Bienen einnebelt und benommen macht. Das hält sie davon ab, zu stechen. Imker haben einen Metallschaber, mit dem sie die Rähmchen säubern, herausheben und voneinander trennen, wenn sie mit Honig verklebt sind.

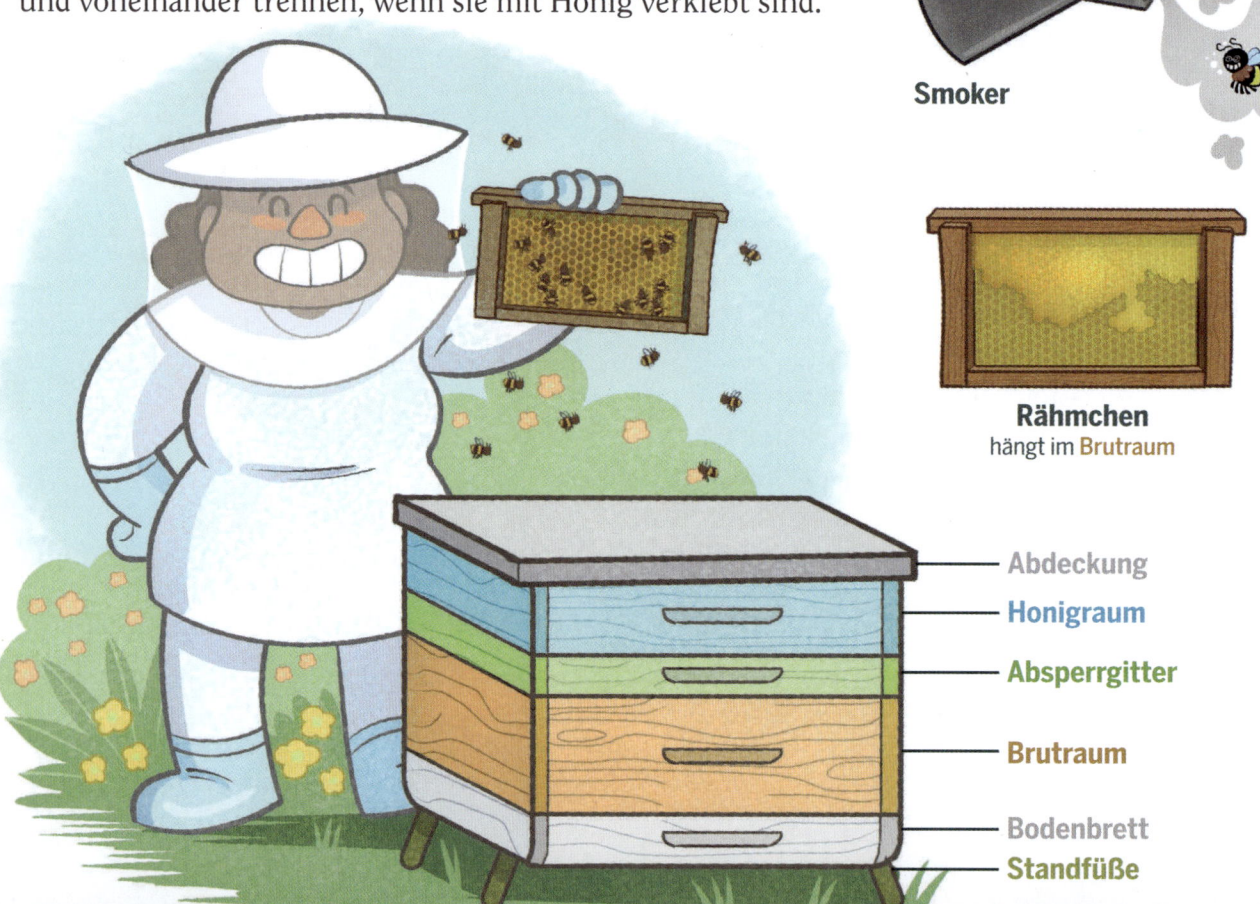

Smoker

Rähmchen
hängt im Brutraum

- Abdeckung
- Honigraum
- Absperrgitter
- Brutraum
- Bodenbrett
- Standfüße

INFORMATIONSQUELLEN

IM INTERNET

https://deutscherimkerbund.de

www.imkerpate.de

https://www.wildbienen.info

https://www.wildbienenschutz.de

https://www.naturgartenfreude.de/wildbienen

www.bienenhotel.de/html/mauerbienen.html

https://www.stadtbienen.org/wissen/bienenwissen/

MAUERBIENEN UND ZUBEHÖR

www.mauerbienen-shop.com/

https://www.naturschutzcenter.de

DANKSAGUNG

Ein Buch wie dieses hier entsteht nicht von allein. Man muss viel überlegen, herumreisen, recherchieren, Gedanken entwickeln, überarbeiten und daran herumfeilen. Von dem Moment, in dem die Idee für das Buch geboren wird, bis zu seiner Veröffentlichung kommt die Kreativität vieler verschiedener Beteiligter ins Spiel. Es ist wirklich Teamarbeit. Und deshalb möchte ich mich bei einigen Menschen bedanken.

Was die geistige Arbeit angeht, danke ich meinen einfallsreichen und verlässlichen Königinnen und Wortarbeiterinnen: Dinah Manoff, Suzanne Selfors, Susan Wiggs, Laurie Frankel, Deb Caletti, Carol Cassella, Meg Parsont, Amy Johnson, Maryjane Johnston, Raquel Jaramillo, Jill Beermann, Debbie Gray, Mary Cushman, Megan Drew, Warren Read, Maura Conron, Wendy Orville, Trang Carola und Maria Carola.

Ich hätte es nicht geschafft ohne meine Helfer mit dem grünen Daumen: Cindy Hennessey, Sabina Hammel, Kathy Glanzrock, Toshi Takeno, Susan Rutledge, Colleen Uyekawa, Liz Cooper und Robin Hansen.

Ich danke meinem geliebten Vater, Jim Brunelle, auf den ich mich immer verlassen kann, wenn es um Lektorat und die Konkretisierung von Ideen geht.

Danke auch meinem großen Bruder, Bill Brunelle, der jedes Mal dabei war, wenn ich von einer Biene gestochen wurde – insgesamt acht Mal. Heute weiß ich, dass das keine Mauerbienen waren!

Ich danke all den wunderbaren Menschen bei Workman, insbesondere Daniel Nayeri und Suzie Bolotin, die das Potenzial dieses Buches erkannt haben. Ich danke meinem fantastischen Lektor, Justin Krasner, für seinen Weitblick, sein Verständnis und seinen Humor. Mein Dank gilt außerdem Carolyn Bahar, Amanda Hong, Colleen AF Venable, Doug Wolff sowie den Werbe-, Marketing- und Verkaufsteams.

Ein ganz besonderes Dankeschön geht an Anna-Maria Jung für ihre frechen, witzigen Illustrationen.

Vielen Dank an Diana Cox-Foster vom USDA Bee Lab, die alle Bienenfakten wissenschaftlich abgesegnet hat.

Und zum Schluss ein riesiges Dankeschön an die Bienentester, -unterstützer und -beobachter in meinem eigenen Stock: Keith, Kai und Leo.

BASTELBÖGEN

Die folgenden Seiten kannst du heraustrennen und zu Niströhrchen für solitär lebende Wildbienen rollen. Nimm dabei einen dünnen Stift zu Hilfe und befestige die Enden mit Klebeband, damit sich die Röhrchen nicht aufrollen. Lies auf den Seiten 50 bis 52 nach, wie du dieses Buch in ein Bienenhotel verwandeln kannst.

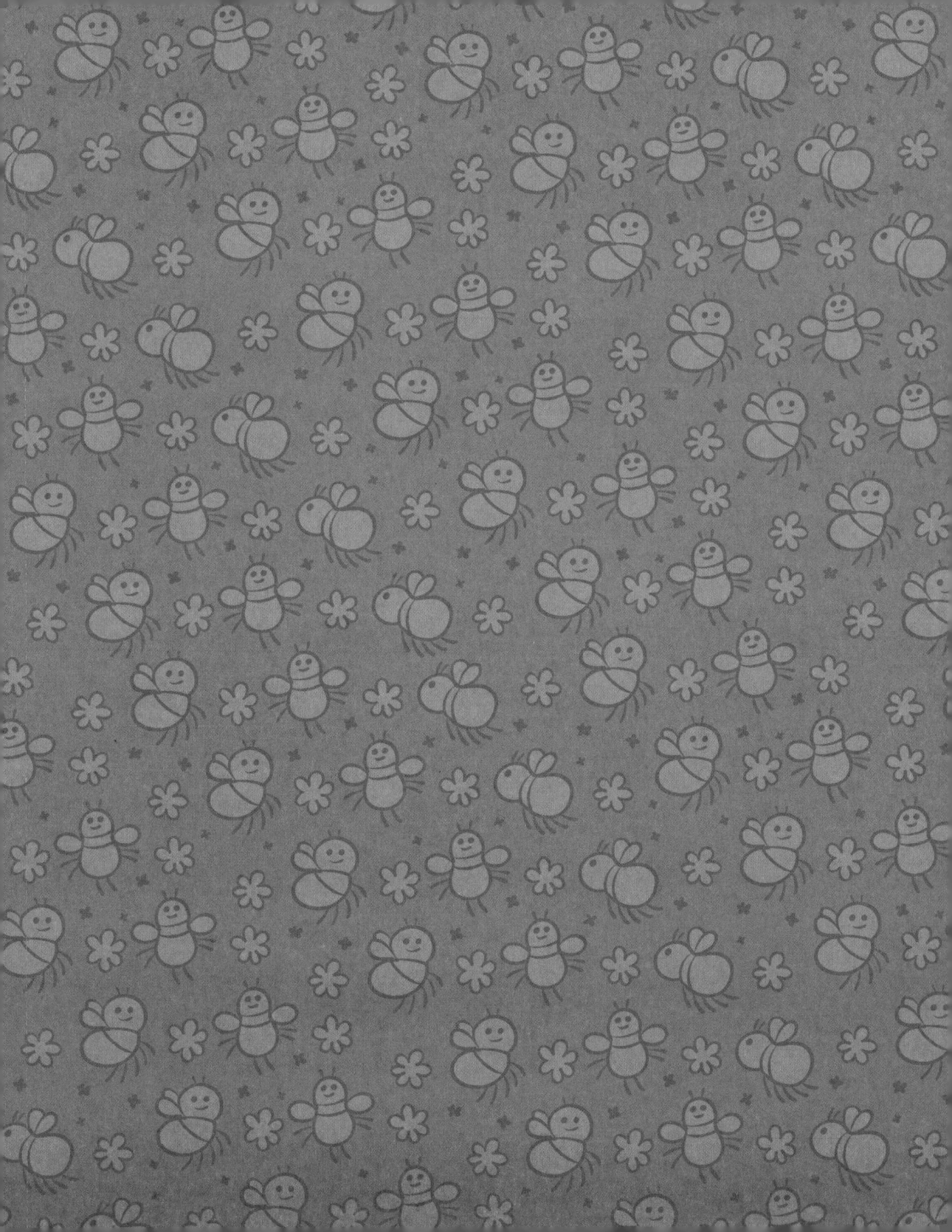

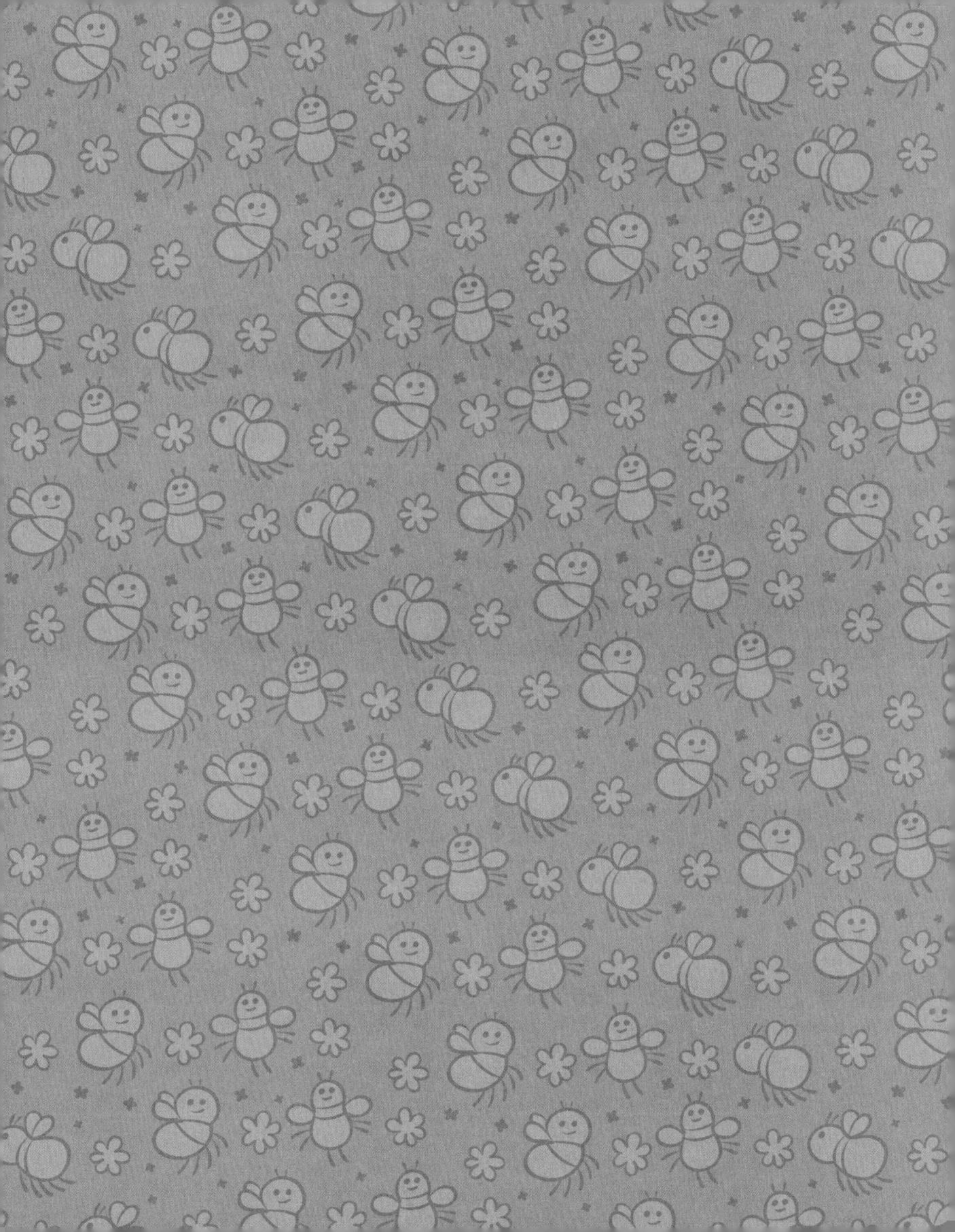

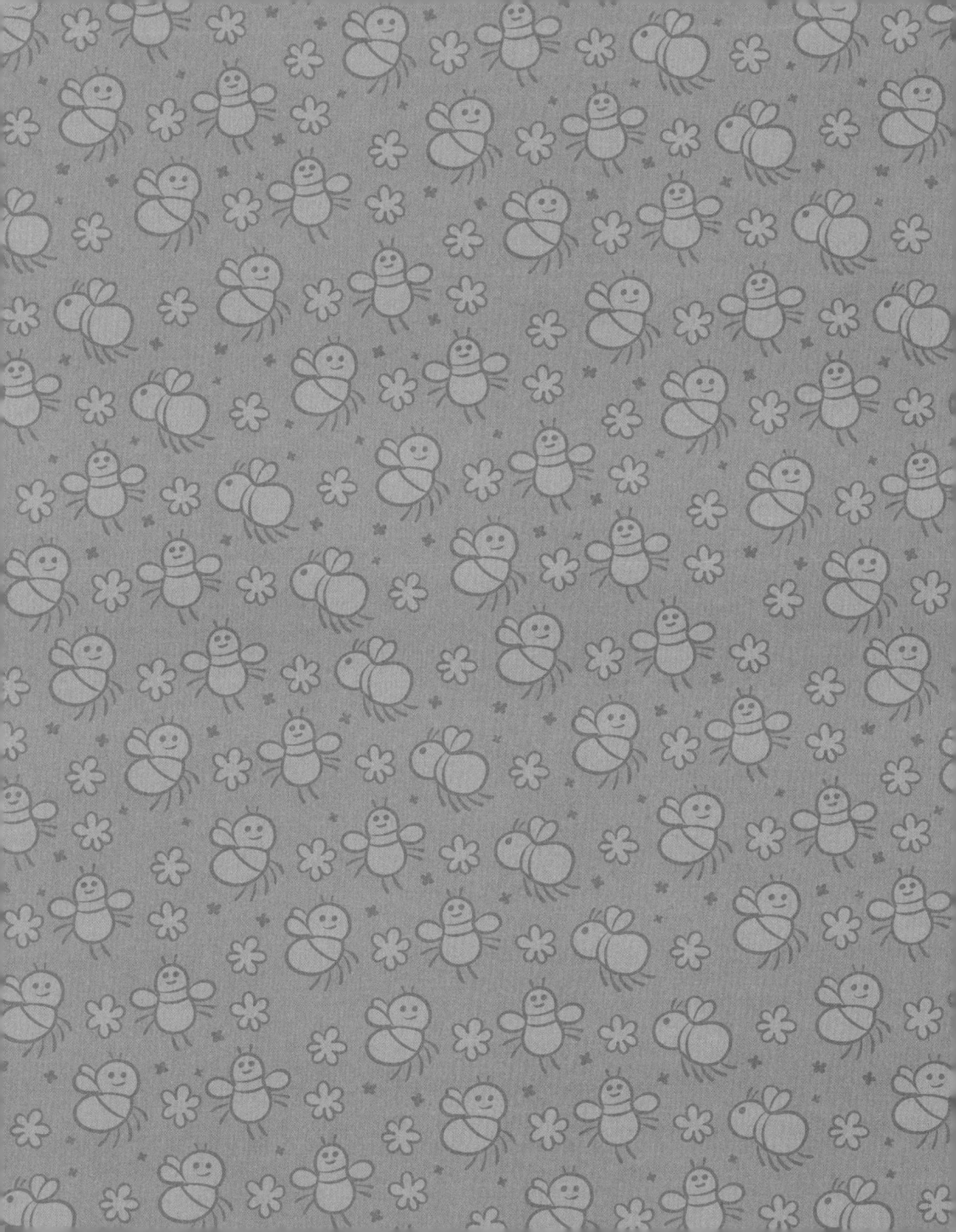

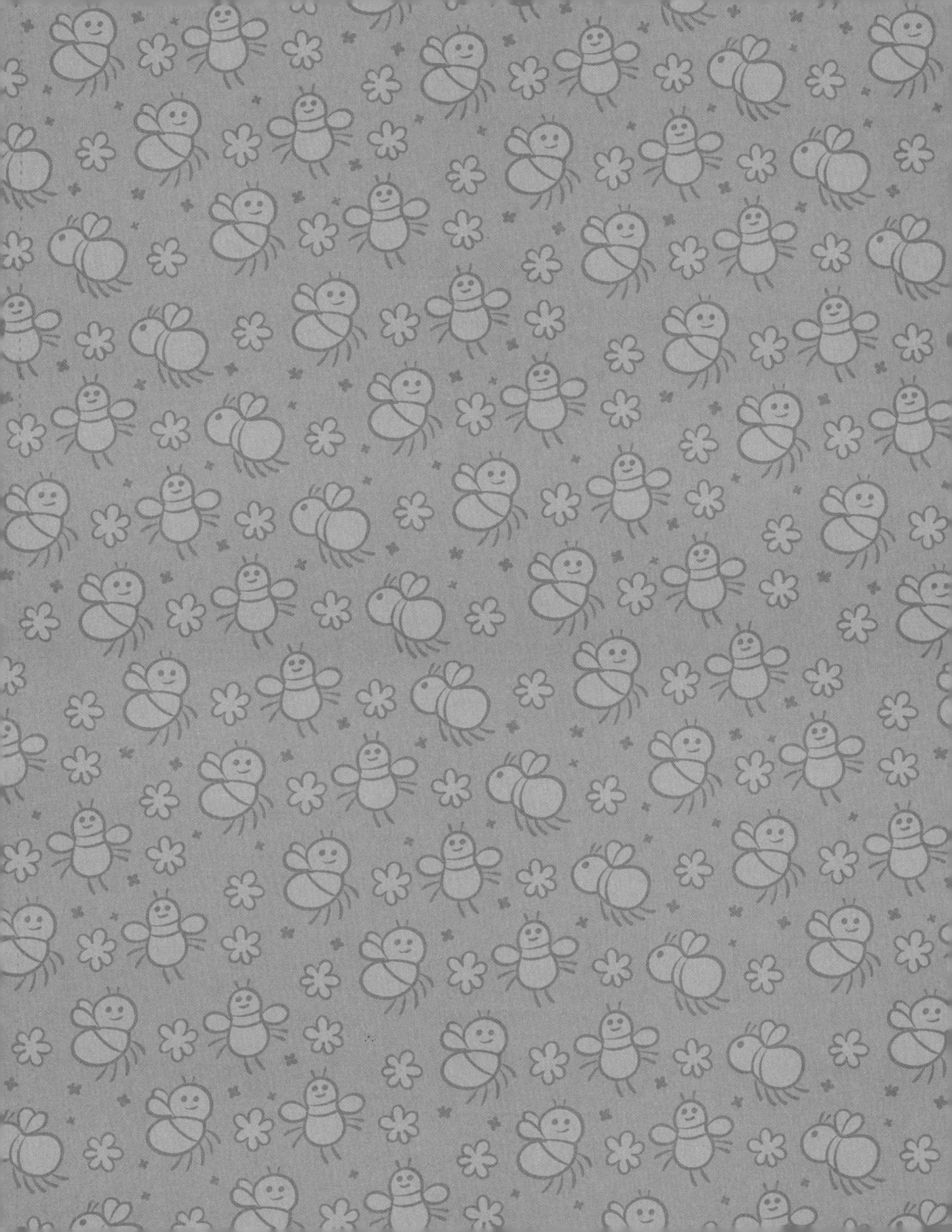

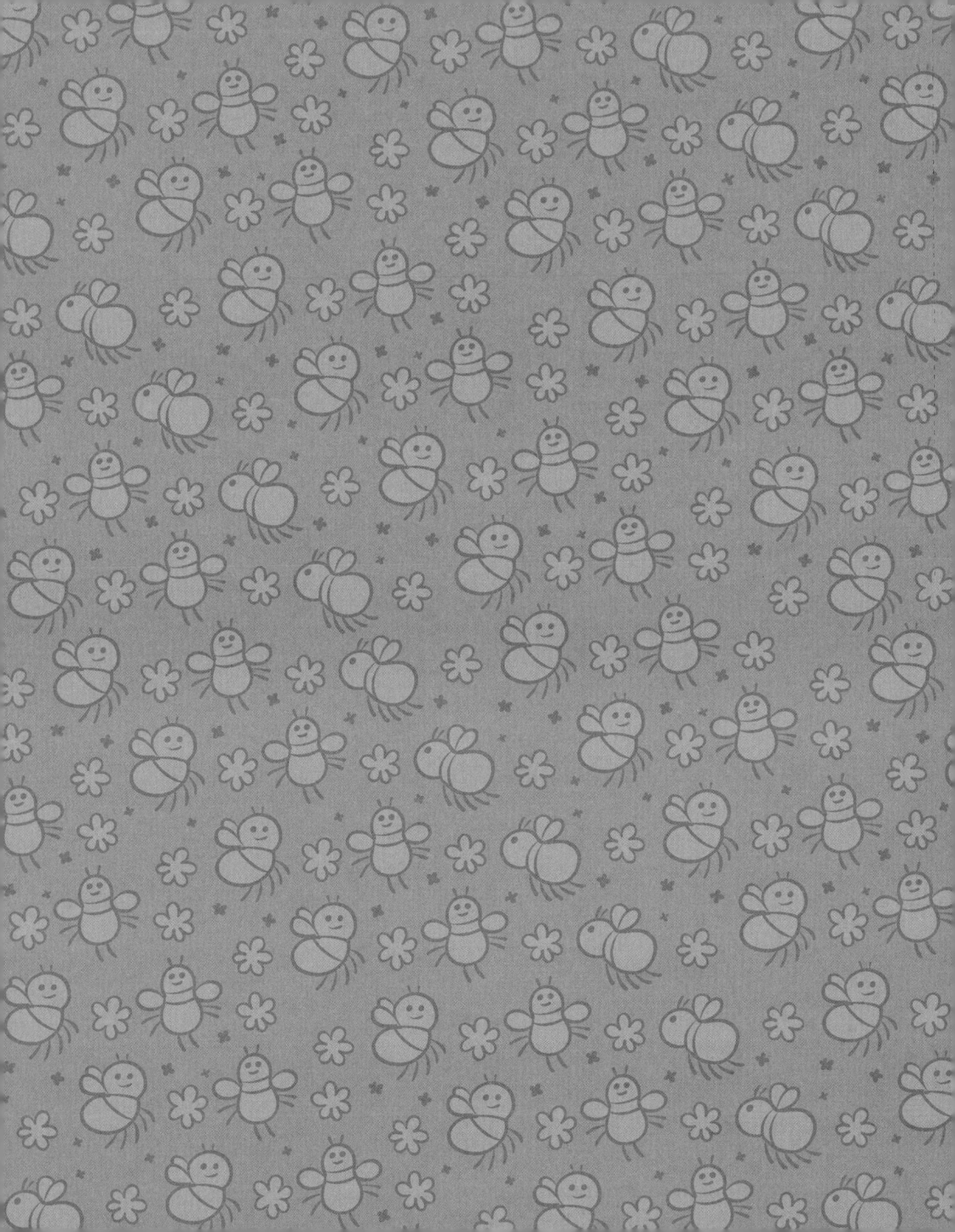

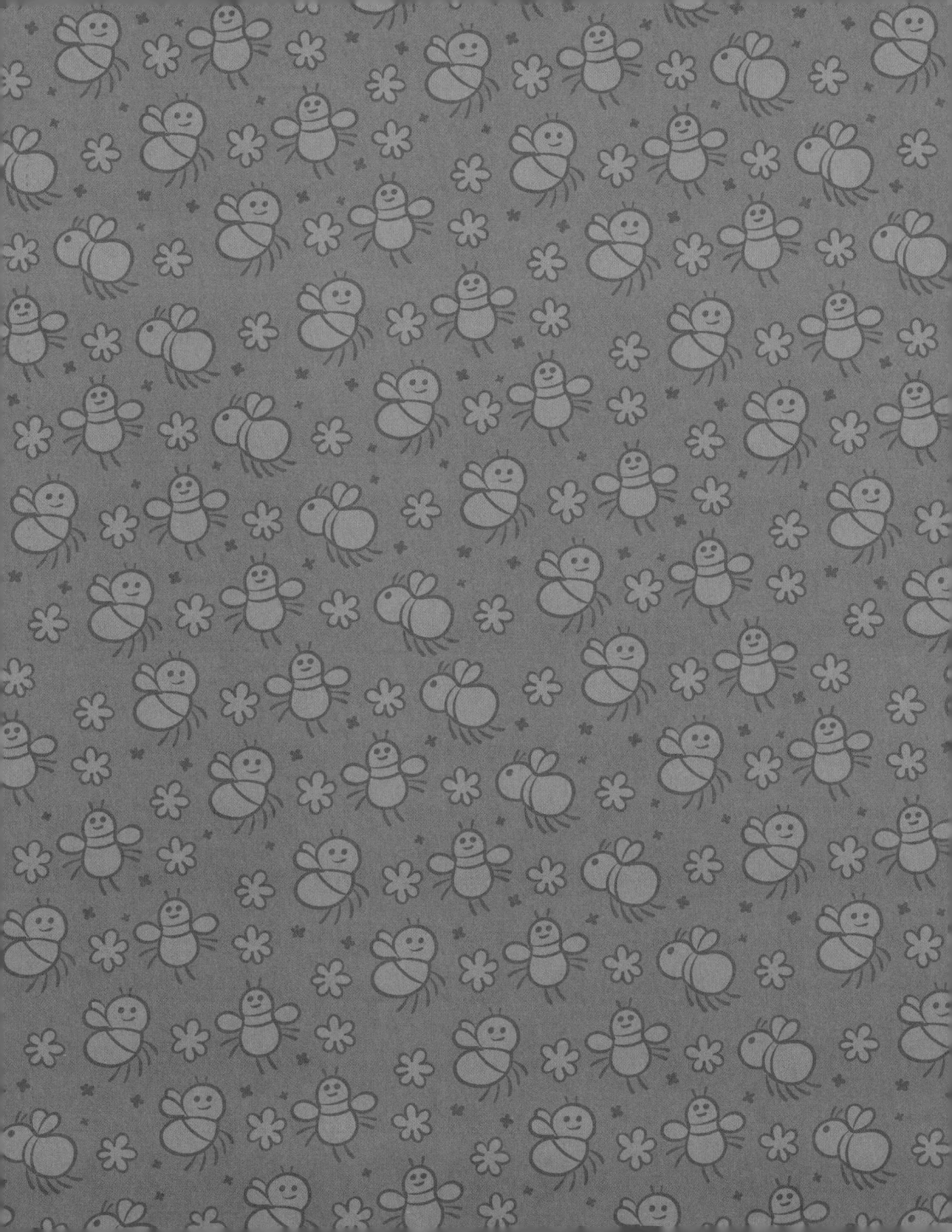

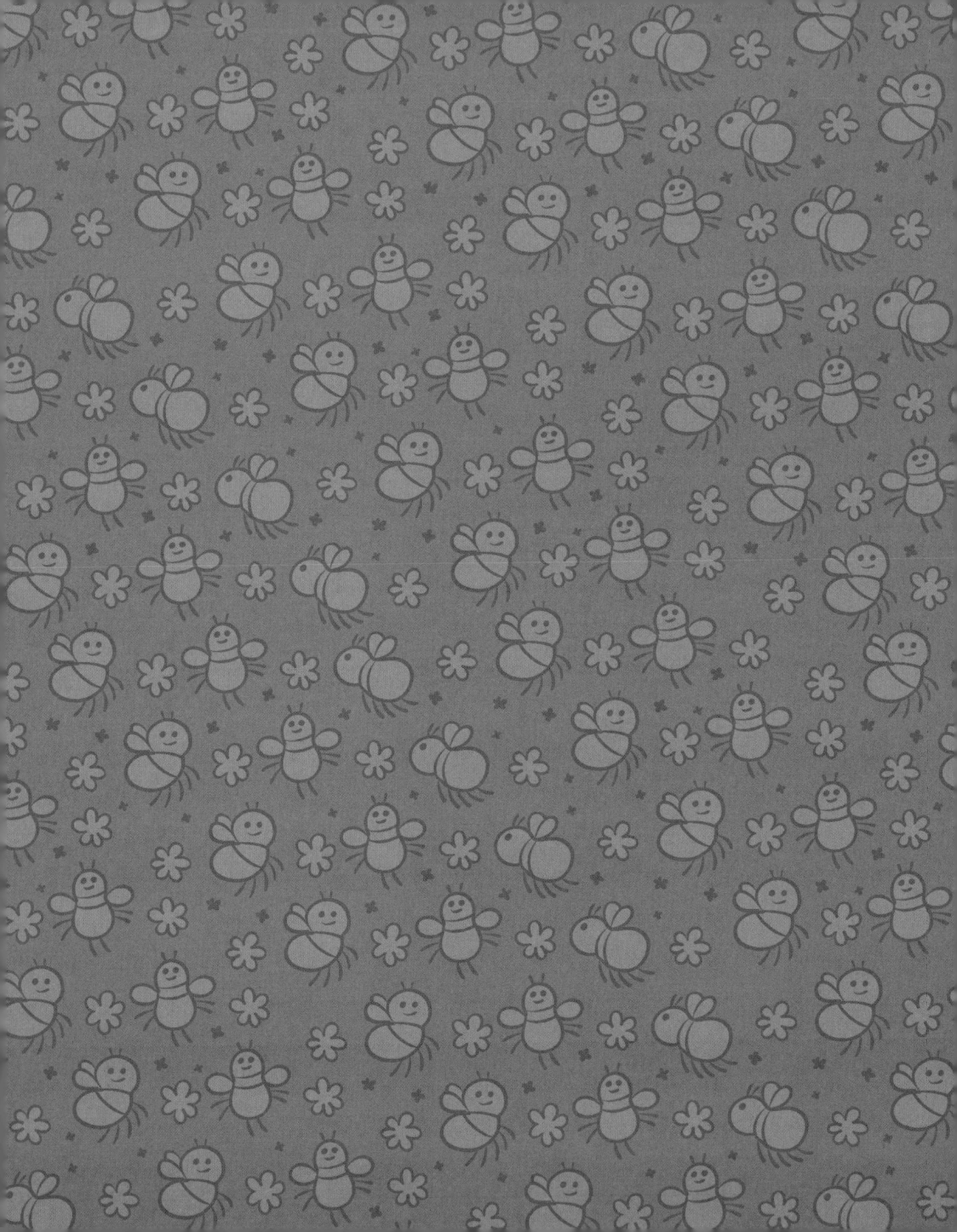

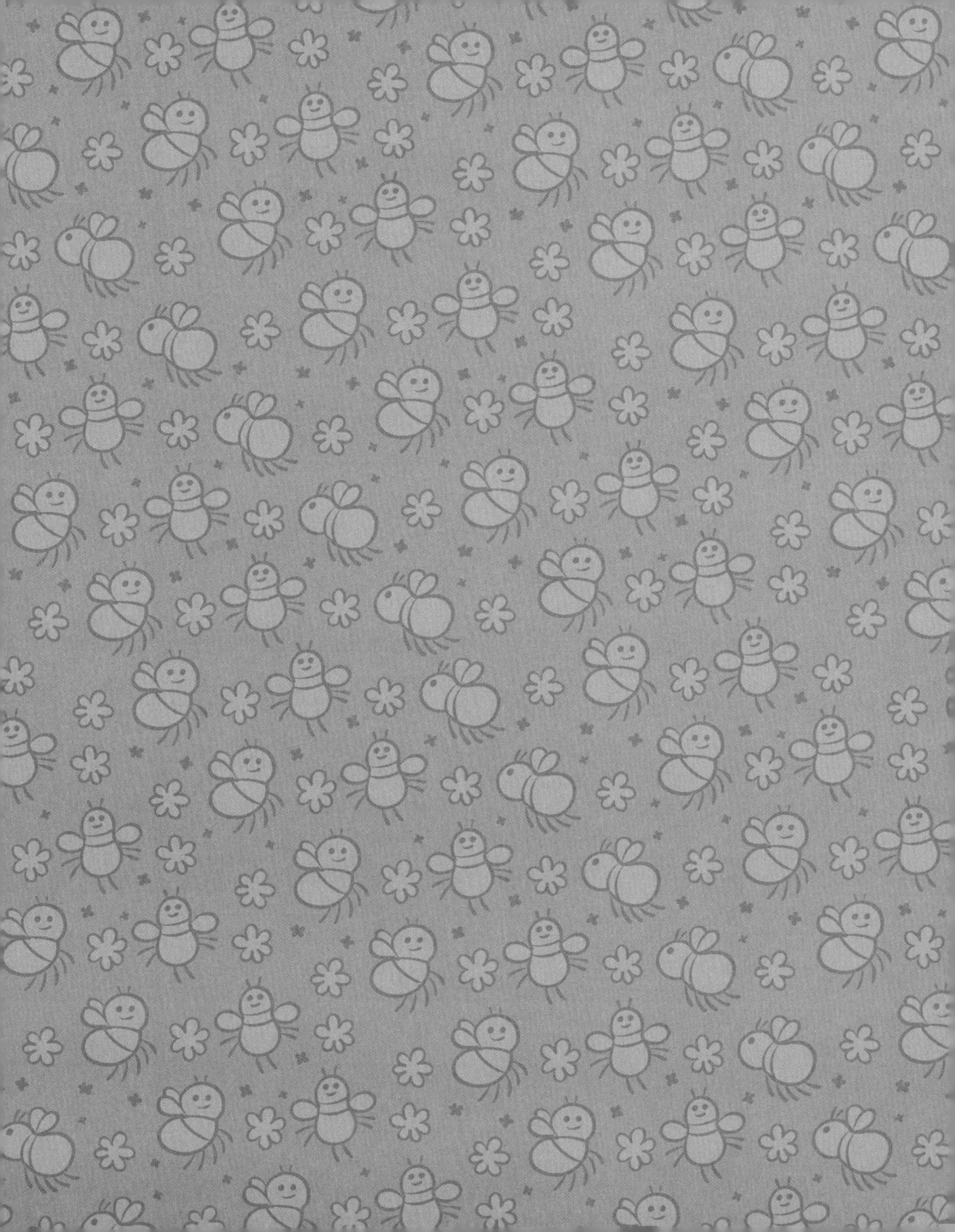

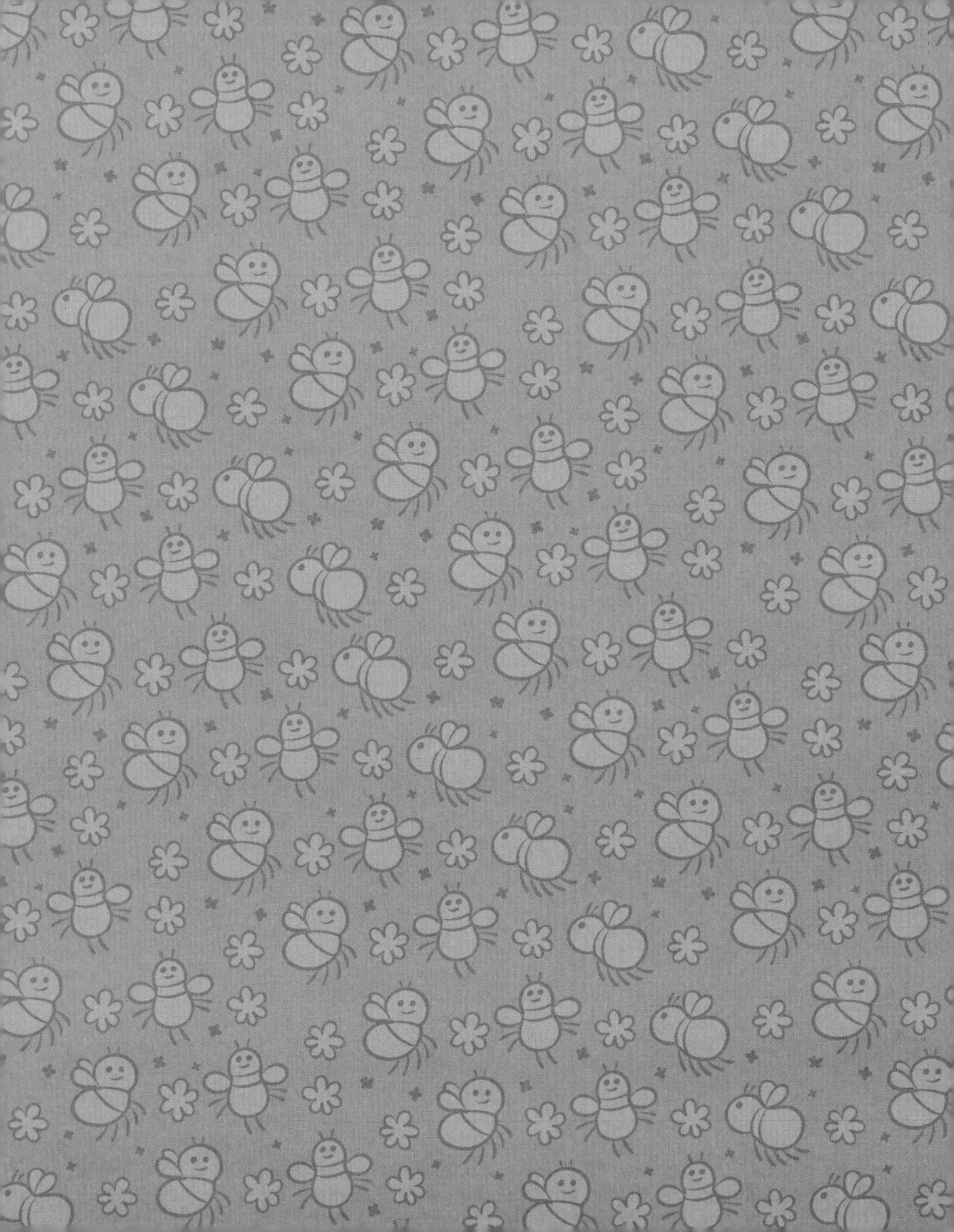

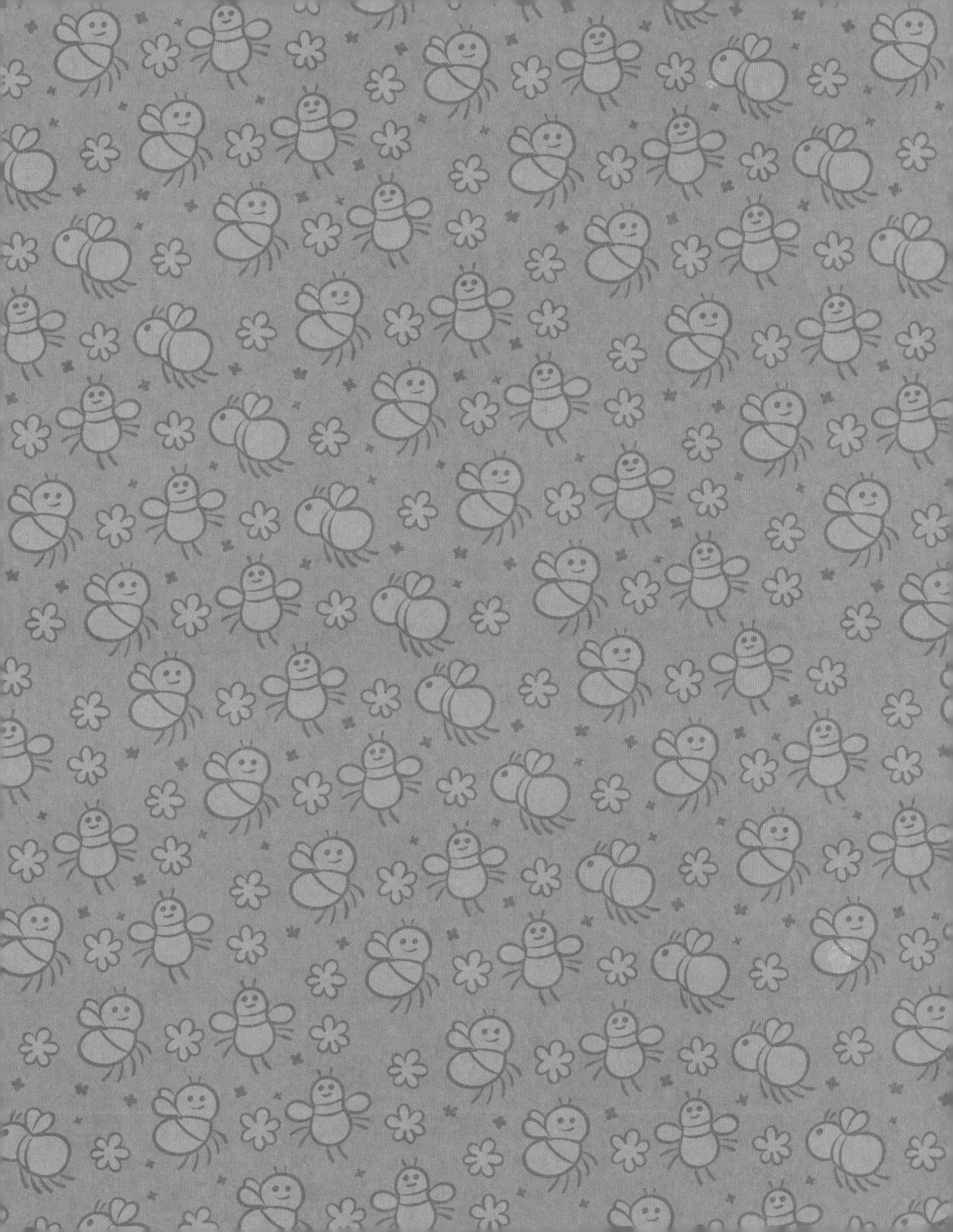

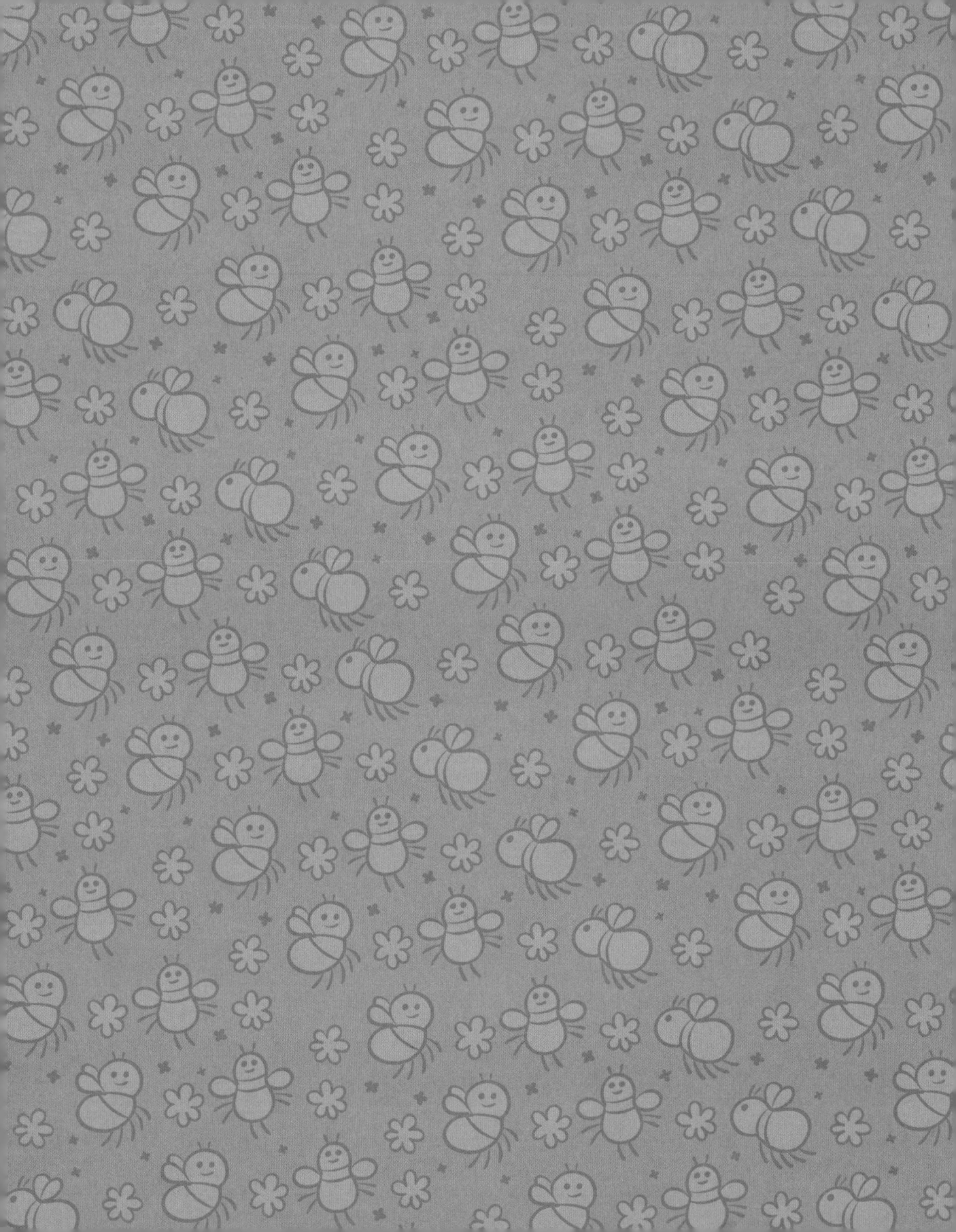

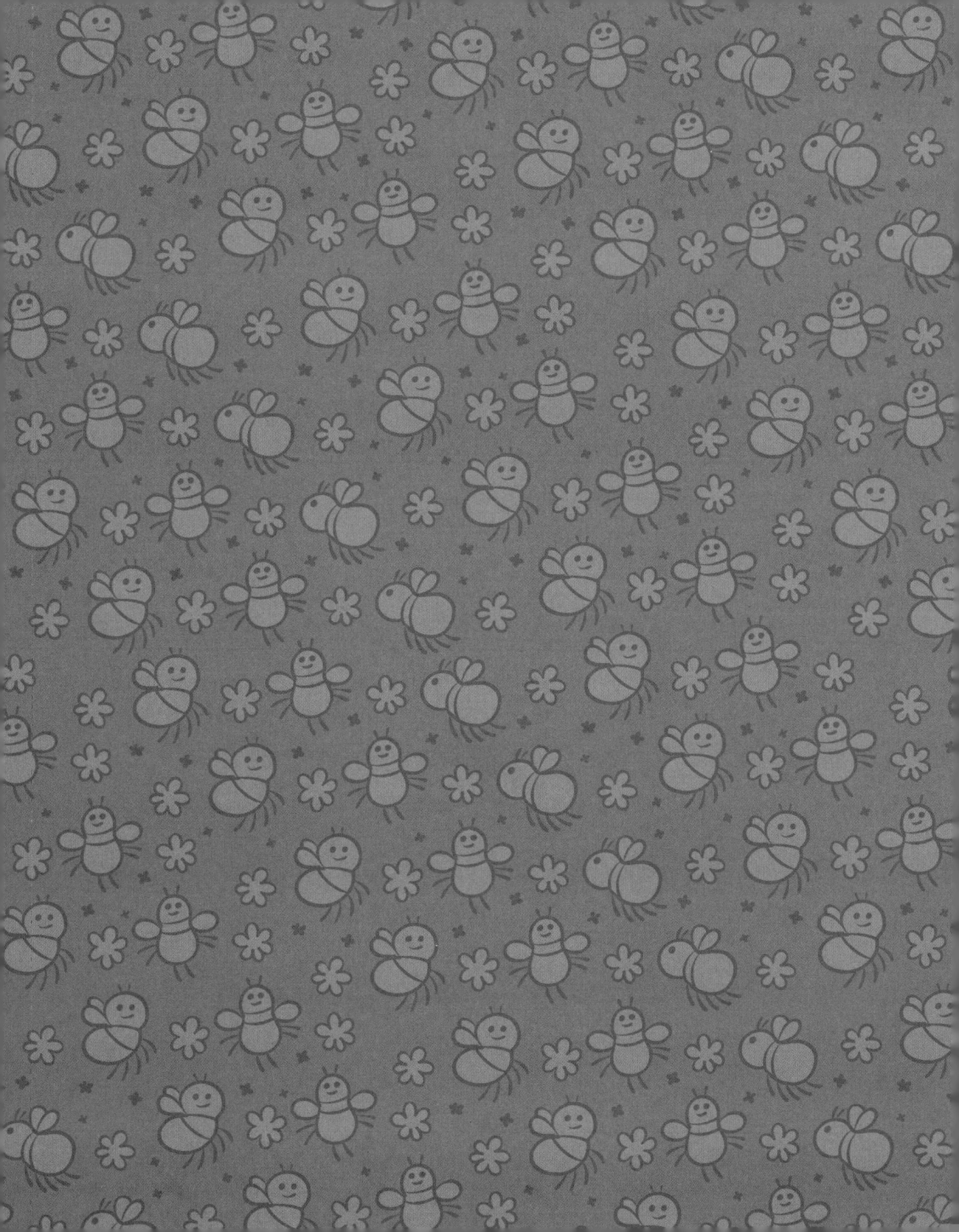

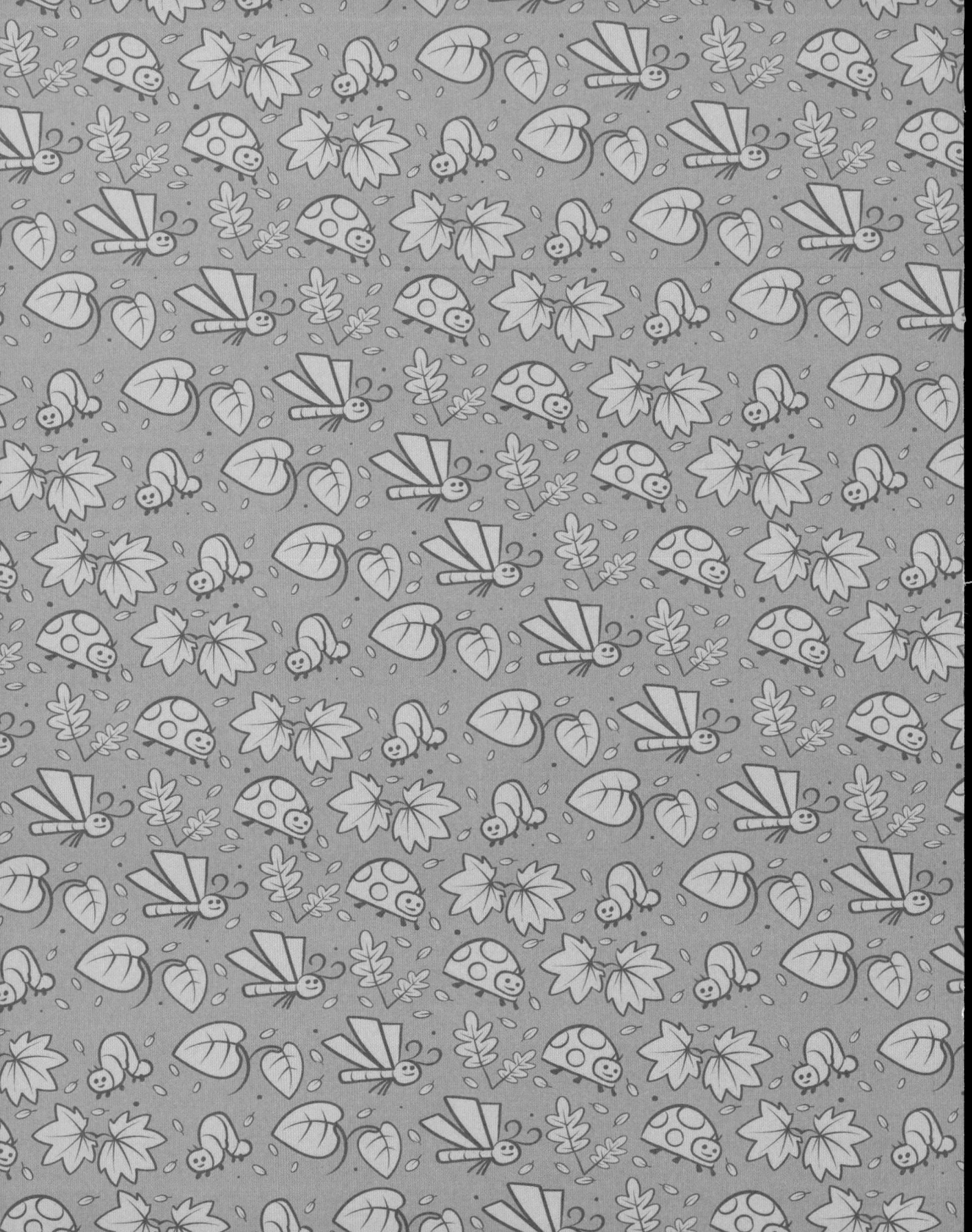

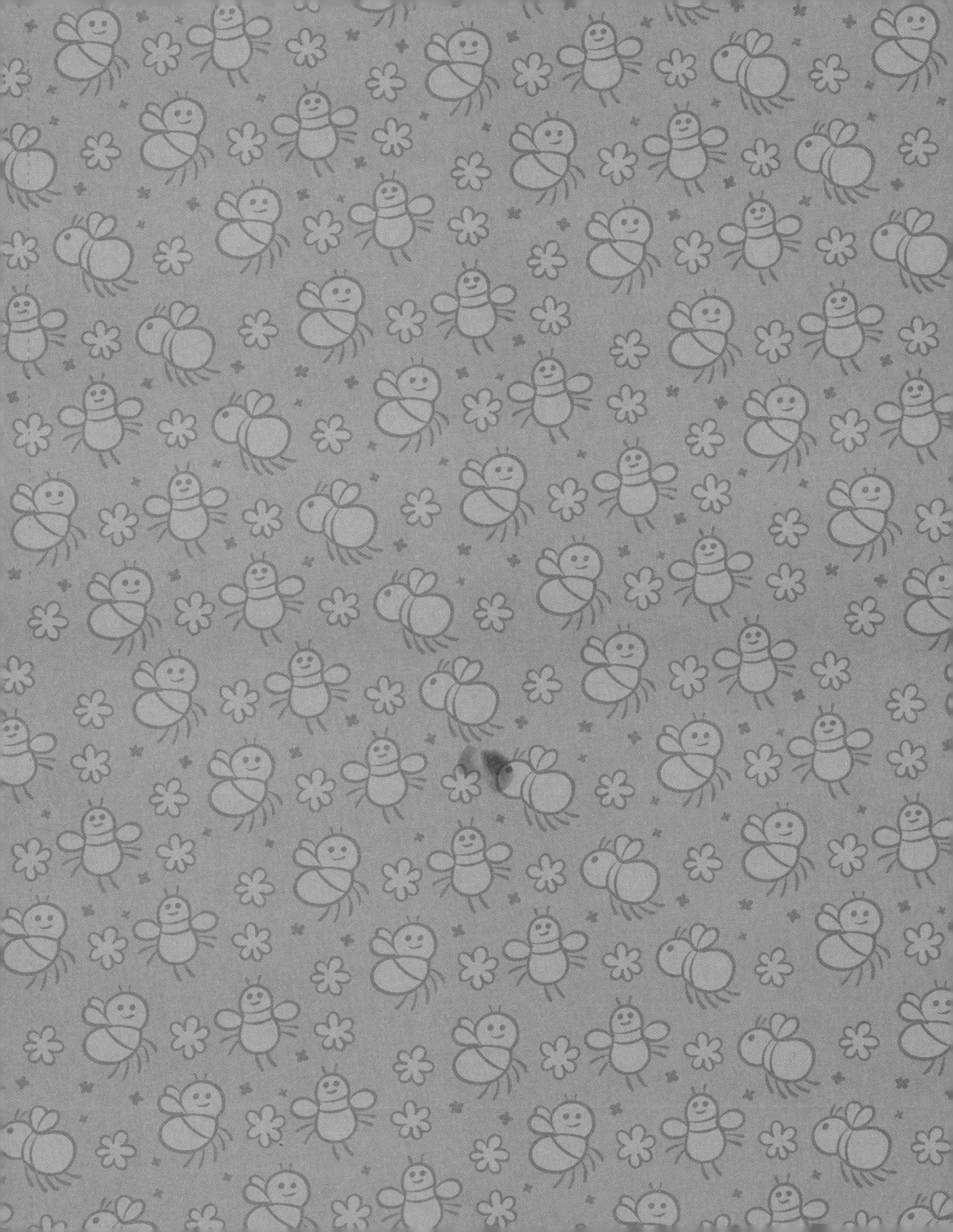

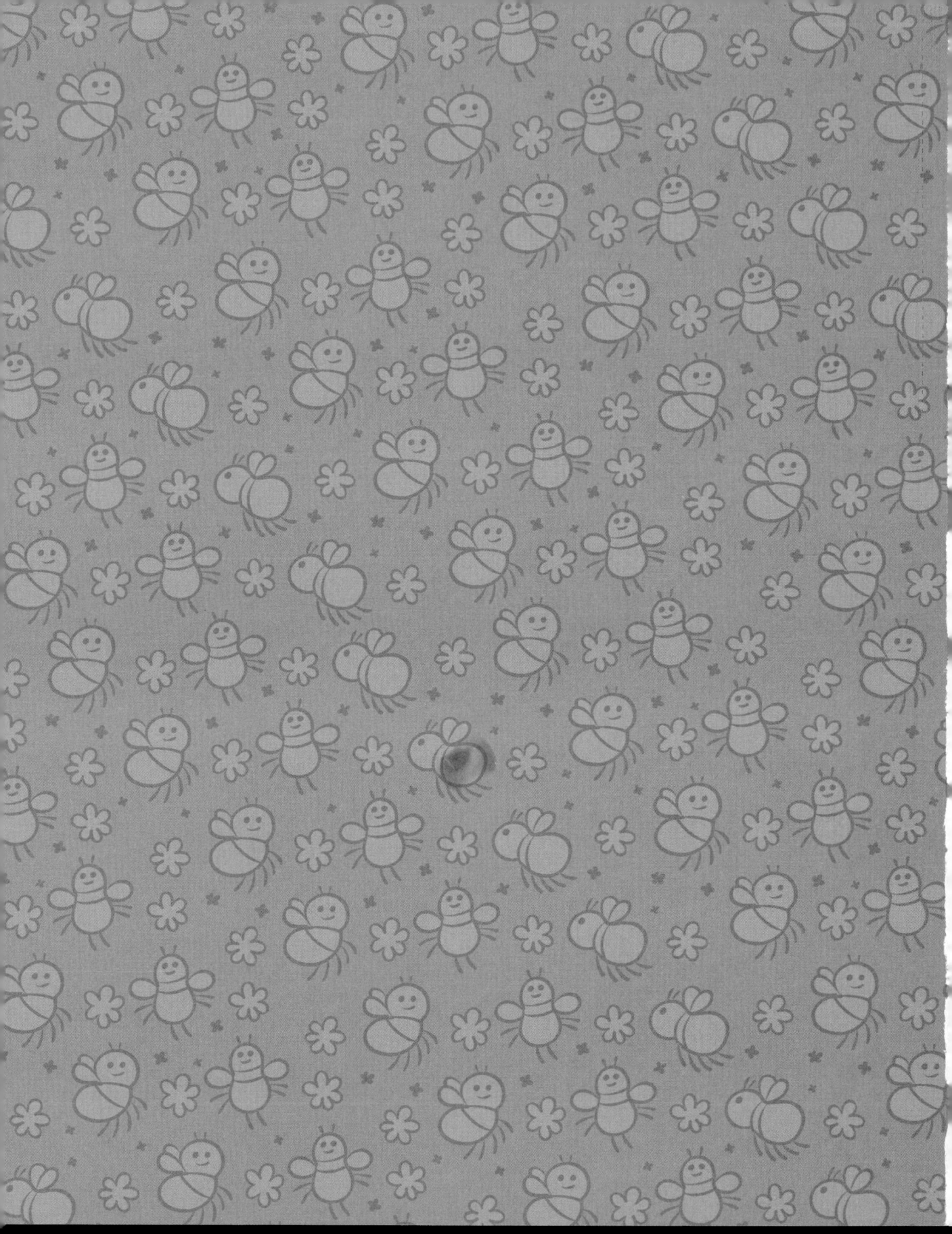